AF140622

Johannes Vorwerk

Ole Schneider

Gebrauchtwagenkauf
für Anfänger und Fortgeschrittene

So begutachten Sie
Gebrauchtwagen wie ein Profi!

Bibliografische Information der Deutschen Nationalbibliothek:
Die Deutsche Nationalbibliothek verzeichnet diese Publikation in der Deutschen Nationalbibliografie; detaillierte bibliografische Daten sind im Internet über http://dnb.dnb.de abrufbar.

3. Auflage – Oktober 2014

Herstellung und Verlag: BoD – Books on Demand, Norderstedt
ISBN:978-3-7322-4213-9

Inhaltsverzeichnis

INHALTSVERZEICHNIS 5

1. EINFÜHRUNG 8

2. DAS OPTIMALE FAHRZEUG FÜR IHREN BEDARF 9
   WELCHES BAUJAHR SOLLTE MAN AM BESTEN WÄHLEN? 10

3. BETRIEBSKOSTEN: SO VERMEIDEN SIE BÖSE ÜBERRASCHUNGEN 12
   DIE BETRIEBSKOSTEN – EIN ÜBERBLICK 13
   DIE KFZ - STEUER 13
   DIE VERSICHERUNG 14
   DER VERBRAUCH 16
   WARTUNG UND INSPEKTIONEN 16
   WERTVERLUST 17
   SO BERECHNEN SIE DIE BETRIEBSKOSTEN 19

4. GEBRAUCHTE LUXUSAUTOS – EIN UNKALKULIERBARES RISIKO? 22

5. SO FINDEN SIE DIE BESTEN INFOS ZU IHREM TRAUMWAGEN 25
   AUTOZEITSCHRIFTEN 25
   INTERNETFOREN 26
   AUTOPROSPEKTE 26
   BÜCHER 26

6. KAUF – LIEBER VON PRIVAT VOM HÄNDLER? 27
   1. MÖGLICHKEIT: DER KAUF BEIM HÄNDLER 27
   Der Kauf beim Markenhändler 27
   Freie Gebrauchtwagenhändler 28
   Der Kauf bei einer Autovermietung 29
   Die Händlergewährleistung 30
   Vorsicht bei Bastlerautos & Vermittlung von Privatverkäufen 30
   2. MÖGLICHKEIT: DER KAUF VON PRIVAT 31
   3. MÖGLICHKEIT: DAS INTERNET-AUKTIONSHAUS 32

7. IST EINE GEBRAUCHTWAGENGARANTIE ZU EMPFEHLEN? 34

8. WAS BRINGT EIN KFZ-PRÜFSIEGEL? 37

9. DIE GEBRAUCHTWAGENPRÜFUNG.................................41

ÜBERPRÜFUNG DES WAGENS IM INTERNET 41

DIE ERSTE BEGUTACHTUNG DES WAGENS..................................44

A. DIE AUßENPRÜFUNG 51

B. DER MOTORRAUM 68

C. DER KOFFERRAUM 75

D. DER INNENRAUM...76

E. BESONDERHEITEN BEI CABRIOS 78

10. PROBEFAHREN WIE EIN PROFI 79

1. VOR DER PROBEFAHRT 80

2. VORM LOSFAHREN 82

3. WÄHREND DER FAHRT 84

3.1. ÜBERPRÜFEN SIE DAS GETRIEBE 85

3.2. TESTEN SIE DIE KUPPLUNG 86

3.3. ACHTEN SIE AUF DAS FAHRWERK 86

3.4. ÜBERPRÜFEN SIE DIE BREMSEN 87

4. NACH DER PROBEFAHRT..88

11. SO ERKENNEN SIE EINE MANIPULATION AM KILOMETERZÄHLER 90

IST DIE KILOMETERLEISTUNG REALISTISCH? 90

UNTERSUCHEN SIE DEN MOTORRAUM.....................................90

ÜBERPRÜFEN SIE DEN VERSCHLEIß VON FAHRERSITZ UND PEDALEN 91

UNTERSUCHEN SIE DAS ARMATURENBRETT 91

ÜBERPRÜFEN SIE DEN KILOMETERSTAND BEIM MARKENHÄNDLER 92

FRAGEN SIE DIE VORBESITZER..92

SO ERKENNEN SIE EIN GEFÄLSCHTES SERVICEHEFT 92

12. SO ERKENNEN SIE UNFALLSCHÄDEN UND NACHLACKIERUNGEN 94

13. VERHANDLUNGSTIPPS 96

1. ERMITTELN SIE DEN DURCHSCHNITTSPREIS 96

2. ARGUMENTIEREN SIE MIT DEM DURCHSCHNITTSPREIS 96

3. HOLEN SIE DIE MÄNGELLISTE RAUS 97

4.1 ZUSATZTIPPS FÜR DEN KAUF BEIM HÄNDLER 97

4.2 ZUSATZTIPPS FÜR DEN KAUF VON PRIVAT 98

14. DER KAUFVERTRAG 99

15. ÜBERFÜHRUNG UND ZULASSUNG.........................101

ZULASSUNGSDOKUMENTE 101

DIE ÜBERFÜHRUNG 102
WAS SIE AUF KEINEN FALL TUN SOLLTEN 104

ANHANG A: LINKS ZU INTERNETFOREN **105**

ANHANG B: WEITERE LINKS **106**

ANHANG C: DIE PRÜFLISTE **107**

INDEX **123**

1. Einführung

Vor kurzem wollte ein Freund einen gebrauchten BMW 750i kaufen. 6 Jahre alt, nur 70.000km gelaufen, Vollausstattung, für nur 13.500€ vom Händler mit Garantie. Ein wunderschönes Auto, der monacoblaue Lack schimmerte wie bei einem Neuwagen, ein perfektes Auto zum Verlieben.

Nach einer längeren Probefahrt und einer genauen Begutachtung kam das vernichtende Urteil: der Wagen hatte zahlreiche Mängel, von denen der Händler angeblich nichts wusste, angefangen von einem kaschierten Unfallschaden über einen lecken Tank bis hin zu einem defekten Kühler. Die angebotene Garantie war wertlos, die Gesamtsumme, die zur Beseitigung der Mängel veranschlagt wurde, betrug über 3,500€. Und richtig: die Kilometerleistung betrug nicht 70.000km, sondern über 130.000km, das Serviceheft ging angeblich in der Post verloren.

Wie gut, dass er den Wagen nicht gekauft hat.

Aus diesem Erlebnis ist die Idee entstanden, ein Buch zu schreiben, das unerfahrenen Gebrauchtwagenkäufern hilft und sie beim Kauf unterstützt.

Wer denkt schon bei der Besichtigung eines Wagens daran, alle Teile genau zu prüfen? Wer hat sich noch nicht geärgert, weil er beim Kauf etwas übersehen hat und jetzt teure Reparaturen bezahlen muss? Aus diesem Grund liegt diesem Buch eine ausführliche Checkliste mit über 125 Prüfpunkten bei, die Ihnen helfen wird, einen Gebrauchtwagen genau zu analysieren, fair zu bewerten und sich vor Betrug zu schützen.

Fast alle Autos haben Mängel, sogar Neuwagen sind nicht davor gefeit. Dieses Buch wird Ihnen helfen, Mängel zu entdecken, von denen selbst der Händler nichts wusste, und es zeigt Ihnen, welche Mängel Sie zu einer Preisminderung nutzen können und von welchen Autos sie lieber die Finger lassen sollten.

Dieses Buch geht weit über den Umfang der üblichen Gebrauchtwagenratgeber in Zeitschriften hinaus, es ist Ihr unabhängiger persönlicher Berater.

2. Das optimale Fahrzeug für Ihren Bedarf

Das Wichtigste ist, dass Sie selbst mit dem Auto zufrieden sind.

Viele Menschen lassen sich in ihrer Entscheidung von anderen Menschen und deren Meinungen beeinflussen. So gibt es Menschen, die einen größeren Wagen kaufen, als sie eigentlich brauchen und bezahlen können, um ihre Mitmenschen zu beeindrucken. Andere wiederum verzichten darauf, sich ihren Autotraum zu verwirklichen, um nicht den neidischen Blicken der Nachbarn ausgesetzt zu sein.

Um für Sie das richtige Fahrzeug auszuwählen, sollten Sie zunächst eine Liste anfertigen und darin die Eigenschaften eintragen, die Ihr Auto auf jeden Fall haben sollte.

Machen Sie sich Gedanken über folgende Fragen:

* Fahren Sie hauptsächlich in der Stadt oder soll der Wagen auch regelmäßig auf Langstrecken eingesetzt werden?

* Fahren Sie überwiegend allein oder transportieren Sie regealmäßig andere Personen?

* Legen Sie einen großen Wert auf Sicherheit?

* Wie viel Laderaum benötigen Sie? Transportieren Sie nur Ihre Aktentasche oder wollen sie auch große Einkäufe oder sogar Sportgeräte transportieren?

* Ist Ihnen Leistung wichtig?

* Sind sie häufiger auf schlecht befahrbaren Wegen oder im Gebirge unterwegs?

* Mögen Sie lieber sportliche Fahrzeuge oder legen Sie mehr Wert auf Komfort?

* Wie wichtig ist Ihnen das Image Ihres Autos?

* Wie viel Geld wollen Sie ausgeben?

- Sind sie handwerklich begabt?

Schreiben Sie sich die Antworten auf diese Fragen auf einen Zettel.

Obwohl Sie diese Faktoren bei Ihrer Kaufentscheidung berücksichtigen sollten, ist es dennoch am wichtigsten, dass Sie selbst mit dem Auto zufrieden sind und sich nicht täglich über Ihre Entscheidung ärgern.

Sind Sie nur in der Stadt unterwegs und nutzen den Wagen vornehmlich für den Weg zur Arbeit und zum Einkaufen, dürfte ein preiswerter Kleinwagen völlig ausreichen.

Haben sie eine Familie mit Kindern und vielleicht noch einem großen Hund, wäre ein größerer Kombi oder SUV mit reichlich Platz eine gute Alternative.

Sind Sie oft auf langen Strecken unterwegs, ist ein Fahrzeug der gehobenen Mittelklasse erste Wahl. Sie bieten einen erheblich größeren Komfort im Vergleich zu kleineren Fahrzeugen der Kompakt- und Mittelklasse, so dass Sie deutlich entspannter am Ziel ankommen und Ihre Geschäfte erledigen können.

Haben Sie schon immer heimlich von einer Luxuslimousine geträumt und wären auch bereit, dafür ein wenig Zeit zu investieren? Dann sollten Sie dringend überprüfen, ob sich dieser Traum nicht doch realisieren lässt, schließlich lässt sich ein gebrauchtes Luxusauto mit ein wenig Know-how fast genauso preiswert bewegen wie ein neuer VW Golf.

Für handwerklich begabte und interessierte Käufer käme vielleicht auch ein schicker Youngtimer in Betracht.

Welches Baujahr sollte man am besten wählen?

Die meisten deutschen Autos werden heutzutage rund sechs Jahre lang gebaut. Drei bis vier Jahre nach der Ersteinführung eines Modells gibt es normalerweise ein so genanntes Facelift, bei dem das Fahrzeugdesign aufgefrischt wird, um das Modell noch einige Jahre erfolgreich verkaufen zu können.

Oft werden mit der Zeit neue, modernere Motoren eingebaut und viele Detailver-änderungen vorgenommen.

Ist es also die beste Entscheidung, ein Auto aus dem letzten Baujahr zu wählen?

Nicht notwendigerweise. Allgemein heißt es, dass Autos aus späteren Baujahren denen früherer Baujahre vorzuziehen seien, und dass man von Autos aus den ersten Produktionsmonaten generell die Finger lassen sollte.

Dieses konnte durch unsere Erfahrungen nicht bestätigt werden. So hatten wir mit einem 1996er 5er BMW aus den ersten Produktionsmonaten auch nach über 8 Jahren und 150.000km praktisch keine Probleme, während die späteren 1997er und 1998er Modelle für ihre anfälligen Motoren berüchtigt waren.

Wenn man die Beiträge des 7er-Forums durchliest, stellt der aufmerksame Be-obachter fest, dass die frühen Modelle vor 1996 aufgrund des Alters zwar anfällig für normale Verschleißteilreparaturen sind, die neueren Modelle ab 2000 aber wesentlich mehr Probleme mit skurrilen Fehlerbildern zu bereiten scheinen.

Auch bei Fahrzeugen der allerletzten Baumonate, die eigentlich am ausgereiftes-ten sein sollten, ist Vorsicht geboten: oft sind diese Modelle im Rahmen von Son-deraktionen recht gut ausgestattet, wurden allerdings oft aus Restbestandteilen gefertigt, deren Qualität zu wünschen übrig ließ.

Am besten ist, Sie informieren sich in Internetforen vorab darüber, welche Stär-ken und Schwächen Ihr Wunschauto hat.

3. Betriebskosten: So vermeiden Sie böse Überraschungen

Vielleicht haben Sie das schon einmal selbst erlebt:

Sie verlieben sich in ein Auto und kaufen es zum Freundschaftspreis. Das Auto selbst ist eigentlich gar nicht so ungewöhnlich, ein einfacher Kompaktwagen, genau genommen ein Golf GTI mit vielleicht 110 PS. Man ist ja noch jung und das sportliche Image des GTIs macht sich gut.

Doch urplötzlich flattert eine dicke Rechnung von der Versicherung ins Haus, die doch tatsächlich höher ist als der Betrag, den man für den Kauf des Wagens hingeblättert hat.

Aus dem Leben

Nicht nur ein sportlicher Kleinwagen kann dem jungen Fahrer ordentlich ans Portemonnaie gehen, auch ein eigentlich sehr vernünftiger Diesel hat manchmal seine Tücken:

Ein Nachbar kaufte sich einen gebrauchten VW Golf TDI Variant. Die anfängliche Freude über den geringen Spritverbrauch wich einem Katzenjammer, als der Wagen bei 70.000km nach einem Zahnriemenwechsel verlangte, der mit rund 800€ zu Buche schlug.

Insgesamt war der Diesel dadurch deutlich teurer als ein vergleichbarer Benziner.

Damit Ihnen das nicht passiert, sollten Sie sich vor dem Kauf eines jeden Autos eingehend über die zu erwartenden Betriebskosten informieren.

Denn Fakt ist: mit der Anschaffung des Wagens ist leider nur ein Bruchteil der tatsächlichen Kosten fürs Autofahren getätigt. Das Fahrzeug will schließlich versichert, gepflegt und mit Brennstoff gefüttert werden.

Zusätzlich hält Vater Staat noch die Hand auf: je stärker und stinkiger Ihr Auto ist, umso höher fällt die Rechnung für die Kfz-Steuer aus.

Rechnen Sie deswegen schon vor dem Kauf Ihres neuen Wagens einmal aus, mit welchen monatlichen Belastungen Sie in etwa rechnen müssen.

Die Betriebskosten – Ein Überblick

Die Betriebskosten eines Autos setzen sich aus den folgenden Komponenten zusammen:

- Steuer
- Versicherung
- Benzinverbrauch
- Wartung

Und last but not least:

- Wertverlust

Gehen wir die Punkte einmal nacheinander durch:

Die KFZ - Steuer

Die Berechnung der jährlichen Kfz-Steuer basiert bei älteren Autos auf dem Hubraum und der Schadstoffklasse, bei neueren auf dem CO_2 Ausstoß.

Als Hubraum bezeichnet man den Rauminhalt aller Zylinder eines Verbrennungsmotors.

Je größer der Hubraum ist, desto höher sind Motorleistung und Endgeschwindigkeit, aber leider auch Verbrauch und Versicherungsbeitrag.

Wie groß ist nun der Hubraum Ihres neuen Autos? Ein kurzer Blick in den Kfz-Schein oder den Kfz-Brief unter Ziffer 8 bringt darüber Aufschluss. Der Hubraum wird dabei in cm^3 angegeben.

Bei der Berechnung der KFZ Steuer gilt: pro 100 cm^3 Hubraum fällt ein bestimmter Betrag an, der von dem Schadstoffausstoß Ihres Wagens abhängt. Die Schadstoffklasse Ihres Fahrzeuges steht ebenfalls im Fahrzeugschein oder Fahrzeugbrief unter Ziffer 1.

Die Schadstoffgrenzen ändern sich mit der Zeit, so dass ein Auto mit den Jahren in der Kfz-Steuer immer teurer wird, da ältere Fahrzeuge im Vergleich zu Neuwagen erheblich mehr Emissionen freisetzen.

Tipp: Auf http://www.kfz-steuer.de können Sie die KFZ Steuer für praktisch jedes Fahrzeug ausrechnen lassen. Dazu müssen Sie einfach nur die Hubraumgröße, Schadstoffklasse und das Datum der Erstzulassung eingeben, der Rest geht automatisch.

Achtung: Fahrzeuge mit Dieselmotor sind in der KFZ Steuer oft mehr als doppelt so teuer wie ein vergleichbarer Benziner. Wenn Sie nur wenige Kilometer im Jahr zurücklegen lohnt die Anschaffung eines Diesels in der Regel nicht.

Die Versicherung

Die Versicherung unterteilt sich zwei wesentliche Komponenten: die Haftpflicht und die optionale Teilkasko/Vollkaskoversicherung.

Haftpflicht

Die Haftpflichtversicherung deckt Schäden anderer Personen und Fahrzeuge, die entstehen, wenn Sie einen Unfall verursachen.

Früher war zur Berechnung der Haftpflichtversicherung ausschließlich die Leistung eines Fahrzeugs ausschlaggebend.

Inzwischen ist es so, dass die Versicherungsbeiträge nach Unfallhäufigkeit und Reparaturkosten berechnet werden. Je öfter ein bestimmter Wagentyp an Unfällen beteiligt ist, umso höher ist die Einstufung in der Haftpflicht.

Viele Versicherungen bieten heute einen Online-Konfigurator zur Berechnung Ihres individuellen Beitrags an. Es ist immer eine gute Idee, möglichst viele Angebote zu vergleichen, da die Preise extrem variieren können.

Links zu mehreren Versicherungen und Vergleichsrechnern finden Sie im Anhang.

Achtung: Am teuersten sind bei der Versicherung in der Regel Diesel und stark motorisierte Kleinwagen. Letztere werden häufig von jungen Fahrern bewegt, die überproportional viele Unfälle verursachen. Luxusfahrzeuge und Cabrios sind hingegen oft überraschend günstig zu versichern.

Tipp: Auch ihr Wohnort spielt bei der Berechnung eine wichtige Rolle: je mehr Unfälle es in Ihrer Stadt gibt, umso höher ist die Regionalklasse, je höher die Regionalklasse, umso teurer die Versicherung.

Falls Sie einen Zweitwohnsitz wie beispielsweise eine Ferienwohnung haben, prüfen Sie nach, ob die Versicherung vielleicht günstiger ist, wenn Sie ihr Auto dort anmelden.

Teilkasko

Die Teilkaskoversicherung ist eine Zusatzversicherung, die u.a. Diebstahlschäden und Schäden wie Glasbruch durch Steinschlag abdeckt.

Wenn Sie eine Versicherung mit Selbstbeteiligung abschließen ist diese oft deutlich günstiger. Genauso lässt sich Geld sparen, wenn Reparaturen bei Vertragspartnern der Versicherung durchgeführt werden – die Windschutzscheibe muss wirklich nicht zwingend vom Markenhändler eingebaut werden.

Vollkasko

Die Vollkaskoversicherung bietet den kompletten Versicherungsumfang der Teilkaskoversicherung und deckt zusätzlich noch Schäden am eigenen Auto ab, die entstehen, wenn Sie einen Unfall verursachen. Bei Leasingfahrzeugen und Finanzierungen ist eine Vollkaskoversicherung zwingend vorgeschrieben.

Der Verbrauch

Einer der größten Posten bei der Berechnung der Betriebskosten ist der Spritverbrauch. Auskunft über den zu erwartenden Verbrauch geben die Prospekte der Fahrzeughersteller.

Grundsätzlich lässt sich sagen, dass mit der Hubraumgröße und Leistung eines Motors auch der Benzinverbrauch steigt.

Aber auch diverse Sonderausstattungen tragen zu einem erhöhten Spritkonsum bei: So erzeugt beispielsweise ein Automatikgetriebe einen Mehrverbrauch von ca. 1l auf 100km, das gleiche gilt für die Klimaanlage.

Letztendlich sind Sie als Fahrer aber der ausschlaggebende Faktor: allein dadurch, dass Sie sanft mit dem Gaspedal umgehen, vorausschauend fahren und für sehr kurze Strecken vielleicht auf das Fahrrad zurückgreifen, können Sie Ihren Spritverbrauch um ca. 30% senken.

Achtung: Den größten Verbrauch haben nicht Luxuslimousinen, sondern die heutzutage sehr beliebten SUV und Geländewagen. Das liegt zum einen daran, dass diese Fahrzeuge meist sehr schwer sind. 2,5t Gewicht sind für einen Geländewagen nicht ungewöhnlich. Zum anderen sind diese Fahrzeuge relativ hoch und haben oft die Aerodynamik einer Schrankwand.

Wenn Sie nicht ständig im Gelände unterwegs sind oder tonnenschwere Lasten ziehen, gibt es kaum einen sinnvollen Grund sich ein SUV zuzulegen, gegenüber einem normalen Kombi haben sie eigentlich nur Nachteile.

Wartung und Inspektionen

Jedes Auto braucht regelmäßig Pflege und Wartung. Mindestens einmal im Jahr sollte das Öl gewechselt werden, spätestens alle zwei Jahre, müssen die meisten Fahrzeuge zur Inspektion und zum TÜV.

Eine verbreitete Meinung ist, dass man Geld allein dadurch sparen könne, indem man das Auto einfach nicht zur Werkstatt bringt. Dies ist ein Irrtum, denn zum einen gefährden Sie sich selbst, wenn Sie mit einem schlecht gewarteten Auto unterwegs sind, zum anderen verursacht mangelnde Pflege größere Reparaturen.

So ist bei einigen Fahrzeugen, wie dem Golf TDI, ein regelmäßiger Zahnriemenwechsel vorgesehen. Falls Sie den nicht einhalten, wird das Auto das mit einem Motorschaden quittieren, der ungefähr fünfmal so teuer ist.

Bedenken Sie, dass bei großen, stark motorisierten Autos auch Reifen und Bremsanlage größer ausfallen und damit teurer sind.

Erkundigen Sie sich deshalb beim Verkäufer nach den Wartungskosten für das Auto und ziehen Sie das Serviceheft zu Rate, denn hier sind alle notwendigen Servicearbeiten aufgeführt.

Achtung: Wenn Sie Sportwagen mögen, sind Ihnen sicher schon einmal die günstigen Gebrauchtwagenpreise für junge Maserati aufgefallen, bei denen ein drei Jahre alter Maserati 3200 GT mit knapp 400 PS gerade mal so viel kostet wie ein neuer 3er BMW.

Was die Anzeige verschweigt ist die Tatsache, dass der Maserati dank des Ferrari Motors extrem viel Wartung verlangt, und ein einfacher Zahnriementausch im Rahmen einer großen Inspektion mal eben so 2.500€ kostet.

Deswegen gilt: Informieren Sie sich vor dem Kauf genau, damit es nicht später zu bösen Überraschungen kommt.

Wertverlust

Selbst wenn Ihr Auto nur abgemeldet in der Garage steht, vernichtet es laufend Geld: praktisch alle Autos unterliegen einem schleichenden Wertverlust. Je älter ein Auto ist, umso weniger ist es wert. Das gilt zumindest für die ersten zehn Jahre eines Autolebens.

Je wertstabiler ein Auto ist, desto weniger Verlust machen Sie beim Wiederverkauf.

Man stellt sich oft gar nicht vor, wie hoch dieser Wertverlust wirklich sein kann, daher hier einige besonders positive und negative Beispiele. Betrachtet wird der ungefähre Restwert des Bruttolistenpreises nach 3 Jahren und 60.000 Km Laufleistung:

Typ	Wert nach 3 Jahren / 60.000km
Mercedes-Benz SLK	72%
Smart CDI	71%
Audi A3 TDI	71%
Porsche Boxster	69%
VW Golf	56%
Opel Astra	56%
VW Phaeton	32%

Beim VW Phaeton heißt das in Euro ausgedrückt, dass bei einem Neupreis von 100,000€ nach 3 Jahren 68,000€ verloren gegangen sind.

Legt man diesen Betrag auf die Nutzungsdauer von 36 Monaten um, ergibt sich ein monatlicher (!) Wertverlust von 1.889 Euro.

Bei einem VW Golf mit einem Anschaffungspreis von 20.000 Euro errechnet sich so ein monatlicher Wertverlust von vergleichsweise geringen 311 Euro, also knapp ein Sechstel der Kosten, die bei einem Phaeton entstehen.

Dieser Betrag sind tatsächliche Kosten, die Sie zwar nicht monatlich berappen müssen, aber dennoch in der Kalkulation zu berücksichtigen sind, denn sie entsprechen dem Betrag, den Sie zurücklegen müssen, um in einigen Jahren ein neues Auto zu kaufen.

Als Faustregel lässt sich sagen, dass sich der Wert eines Autos unabhängig vom Alter alle 2-3 Jahre halbiert.

Wenn Sie feststellen wollen, Wie viel ein Auto im Jahr an Wert verliert, ziehen Sie am besten die Webseiten von Schwacke (http://www.schwacke.de) und vom ADAC (http://www.adac.de) zu rate. Sie können auch Autoanzeigen bei Mobile.de oder Autoscout24.de ansehen, um festzustellen, wie die Preise Ihres Wunschautos sich entwickeln.

Tipp: Falls Sie ein Auto suchen, das keinem Wertverlust unterliegt, sehen Sie sich in der Youngtimer Szene um. Ein 15 Jahre alter Mercedes 300 SL unterliegt praktisch keinem Wertverlust mehr, allerdings müssen Sie gut aufpassen, dass die Ersparnis durch erhöhte Reparaturkosten nicht wieder verlorengeht.

Auch der erwähnte VW Phaeton ist nach drei Jahren besonders als Diesel eigentlich ein Superschnäppchen, aber achten Sie auf eine gute Gebrauchtwagengarantie – besonders frühe Exemplare vor 2005 waren sehr fehleranfällig.

So berechnen Sie die Betriebskosten

Jetzt wissen Sie, wie sich die Betriebskosten zusammensetzen.

Um die Sache für Sie ein wenig mit Leben zu füllen, schauen wir uns eine Beispielrechnung an, in der wir der Frage nachgehen, welches Auto auf Dauer am preiswertesten ist:

Der deutsche VW Golf, der japanische Toyota Auris oder der koreanische Hyundai Accent?

Der Europäer

VW Golf 1.6 mit 75kw (102 PS) Ottomotor, 5-Gang Schaltung, einer Höchstgeschwindigkeit von 164 km/h und einem Kraftstoffverbrauch von rund 7,0l auf 100km. Zur Serienausstattung in der Trendline Variante zählen u.a. 6 Airbags, elektrische Fensterheber, Zentralverriegelung mit Funk, ABS und ESP, elektrisch verstellbare Außenspiegel, umklappbare Rücksitze. 4-Türen und metallic-Lack kosten Aufpreis, die Klimaanlage wird in Sonderverkäufen gerne mit dazugegeben.

Der Preis: 16.625,00€

Der Japaner

Als japanischer Konkurrent bietet sich der Toyota Auris an:

Toyota Auris 1.4 mit 71KW (97PS), 5 Gängen, einer Höchstgeschwindigkeit von 185 km/h und einem Kraftstoffverbrauch von 6.7l auf 100km. 6 Airbags, Funkfernbedienung, ABS, elektrische Fensterheber und sogar eine Klimaanlage gibt es serienmäßig. Darüber hinaus gibt es drei Jahre Garantie, während es bei VW nur eine zweijährige Gewährleistung gibt. Allerdings kosten auch hier 4 Türen und metallic Lack Aufpreis.

Gesamtpreis: 14.550,00€

Der Koreaner

Wählen wir ein Modell von Hyundai:

Hyundai Accent 1.3 mit 60KW (82PS), einer Höchstgeschwindigkeit von 175 km/h und einem Kraftstoffverbrauch von 6.0l auf 100km. Zur Serienausstattung gehören u.a. eine Klimaanlage, Lederlenkrad, Nebelscheinwerfer, eine Funkfernbedienung, Bordcomputer, elektrische Fensterheber, 4 Airbags und ABS. 4 Türen gibt es serienmäßig, eine metallic Lackierung kostet aber auch hier Aufpreis.

Gesamtpreis: 14.050,00€.

Der Vergleich

Auf den ersten Blick sind die Fahrzeuge aus Japan und Korea bei deutlich besseren Fahrleistungen deutlich günstiger als der VW.

Wie jedoch sieht die Bilanz nach 4 Jahren mit je rund 15.000 km pro Jahr aus?

	VW Golf	Toyota Auris	Hyundai Accent
Kaufpreis	16.625,00€	14.550,00€	14.050,00€
Restwert (vierjährig)	~10.000,00€	~8.500,00€	~6.000,00€
Wertverlust p.A.	1.656,25€	1.512,50€	2.012,50€
Versicherung* p.A.	645,23€	712,81€	729,08€
Steuer p.A.	108,00€	94,00€	94,00€
Benzinkosten p.A.	1.218,00€	1.155,75€	1.035,00€
Wartung p.A.	~300,00€	~300,00€	~300,00€
Gesamtkosten p.A.	3.927,48€	3.775,06€	4.170,58€

*Als Versicherung wird von SF1 mit 100% sowie einer Teilkasko mit 300€ Selbstbeteiligung ausgegangen.

Es wird Ihnen sicher aufgefallen sein, dass die Versicherung für die beiden Asiaten deutlich teurer ist als die des Golfs. Das liegt daran, dass die Ersatzteile für diese Autos meist nicht vorrätig und dazu noch deutlich teurer sind, als die von europäischen Herstellern.

Das Ergebnis der Berechnung

Erstaunlicherweise ist das auf den ersten Blick preiswerteste Auto im Vergleich – der Hyundai Accent – im Endeffekt die teuerste Alternative. Schuld ist vor allem der hohe Wertverlust.

Der Toyota dagegen ist finanziell gesehen eine ernstzunehmende Alternative zum Golf. Wenn Sie nicht unbedingt auf eine besonders individuelle Ausstattung Wert legen kann ich Ihnen den Wagen, der übrigens zahlreiche Vergleichstests gewonnen hat, durchaus empfehlen.

4. Gebrauchte Luxusautos – Ein unkalkulierbares Risiko?

Das obige Kapitel hat gezeigt, wie teuer das Fahren eines neuen Kompaktwagens in einfachster Ausstattung ist.

Es wird Sie verblüffen, aber für das praktisch gleiche Geld können Sie genauso gut ein Fahrzeug der oberen Mittelklasse oder gar Oberklasse fahren.

5er und 7er BMW, große Mercedes, Audi A6 und A8 sind nicht nur Managern und Politikern vorbehalten. Nein, wenn Sie sich einen neuen Golf leisten können und auch kein Problem damit haben, sich gelegentlich mit Ihrem Fahrzeug zu beschäftigen, können Sie für das Geld, das ein neuer Kompaktwagen verschlingt, genauso gut einen Luxuswagen fahren.

Gebrauchte Luxusautos: ein unkalkulierbares Risiko?

Für knapp 10.000 € können Sie beim Markenhändler einen aktuellen Kleinwagen in Sparausstattung erwerben. Für das gleiche gibt es schon eine gute Auswahl von Fahrzeugen der Oberklasse: Mercedes, BMW, Audi, Jaguar

Im Vergleich zu einem neuen Kleinwagen bekommen sie ein großes Auto mit viel Platz und hoher Qualität. Selbstverständlich sind die meisten dieser Fahrzeuge sehr gut ausgestattet, Extras wie Ledersitze, Klimaautomatik, elektrische Sitzverstellung, Schiebedach und ansprechende Soundsysteme mit CD-Wechsler gehören zum guten Ton. Bei neueren Fahrzeugen ist oft ein Navigationssystem verbaut.

Ja, aber die vielen Kilometer?

Im Gegensatz zu einem Kleinwagen ist ein Fahrzeug der Oberklasse auch nach vielen Jahren und noch mehr Kilometern in einem relativ guten Zustand. Ein solches Fahrzeug mit 50.000km ist bei guter Pflege fast noch neuwertig, auch mit 100.000km ist der Zustand noch recht gut, es sind im allgemeinen keine größeren Reparaturen zu erwarten, erst bei über 150.000km müssen die ersten Verschleißteile gewechselt werden.

Tipp: Wenn ein Auto der Luxusklasse Ihr Traumwagen ist, lassen Sie ihn sich nicht ausreden, sondern sammeln Sie so viele Informationen wie möglich, damit Sie sich mit allen positiven und negativen Aspekten auskennen.

Recherchieren Sie über mögliche Problembereiche und finden Sie ein spezialisiertes Internetforum oder einen Verein, der Ihnen mit Rat und Tat weiterhelfen kann. Auf diese Weise kann der Traum vom Luxus auch für Normalverdiener in Erfüllung gehen.

Ich selbst fahre seit über 8 Jahren einen BMW 750i aus dem Jahr 1997. Die Ausstattung ist superb, das Armaturenbrett ist mit Leder bezogen und sogar die Rücksitze sind elektrisch verstellbar, vom V12 Motor ganz zu schweigen. Da ich nur wenige km im Jahr fahre, ist mit der Verbrauch nicht so wichtig. Würde ich mehr fahren, wäre die Umrüstung auf LPG eine Option.

Natürlich bin ich mit dem Auto mehrmals liegen geblieben und musste das Auto zur Werkstatt schleppen lassen. Die Kosten für Reparatur und Wartung lagen im Schnitt aber trotzdem nur bei rund 100,00€ im Monat – der Citroen einer Freundin ist deutlich teurer.

Das liegt daran, dass die verbauten Komponenten teilweise von deutlich höherer Qualität sind als beim französischen Billigprodukt.

Hubraum oder Aufladung?

Moderne Motoren, die dem Downsizing-Prinzip folgen, haben oft einen kleinen Hubraum und einen großen Turbo oder Kompressor, manchmal sogar beides. Der Vorteil: ein angeblich geringerer Verbrauch und eine niedrigere KFZ-Steuer.

Aber wussten Sie, dass Motoren mit Turbolader sehr sorgfältig warm- und wieder Kaltgefahren werden müssen? Und wissen Sie, ob der Vorbesitzer es wusste, und dementsprechend gehandelt hat?

Großvolumige Motoren mögen auf dem Papier mehr verbrauchen. Dafür benötigen sie niedrigere Drehzahlen, unterliegen daher einem geringeren Verschleiß und halten entsprechend länger.

Was nutzt einem ein kleiner sparsamer Motor mit wenig Hubraum und großem Turbo, wenn er nach kurzer Zeit seinen Geist aufgibt und teure Reparaturen nach sich zieht?

Und der Verbrauchsvorteil ist in der Realität marginal. Schon in den 80ern hieß es: „Turbo läuft, Turbo säuft". Und daran hat sich aller Werbeversprechen zum Trotz bis heute nichts verändert. Sprich: ein aufgeladener Motor ist nur dann einigermaßen sparsam, wenn Sie das Gaspedal nur streicheln, ohne die zur Verfügung stehende Leistung wirklich vollständig abzurufen.

5. So finden Sie die besten Infos zu Ihrem Traumwagen

Haben Sie ein Fahrzeug gefunden, das zu Ihnen passt, ist es Zeit, sich näher über Ihr Objekt der Begierde zu informieren.

Wer vorab bereits weiß, mit welchen Schwachstellen in Technik und Verarbeitung zu rechnen ist, kann beim Händler den Wagen sicher auf seinen Zustand hin prüfen und einen besseren Kauf machen. Um sich möglichst umfassend über Ihr Traumauto zu informieren, bieten sich zahlreiche Quellen an.

Autozeitschriften

Autozeitschriften mit ihren zahlreichen Tests, Vergleichstests und Dauertests sind eine sehr gute Informationsquelle, deren Studium Ihnen sehr viel Geld ersparen wird.

Die besten Informationen gibt es in Langzeittests von Automobilzeitschriften sowie im TÜV-Report und der ADAC Pannenstatistik. Hier lernen Sie alles darüber, wie zuverlässig einzelne Fahrzeugtypen sind und lernen die Teile kennen, die besonders verschleißanfällig, rostgefährdet oder schlecht verarbeitet sind.

Ist in einem solchen Bericht zu lesen, dass beispielsweise die Längsträger stark zum Rosten neigen, sollten Sie diesem Bereich bei der Untersuchung große Aufmerksamkeit widmen.

Viele Autozeitschriften bieten auf ihren Internetseiten auch alte Tests an, teilweise gegen Gebühr. Es lohnt sich auf jeden Fall. Wenn sie beispielsweise wissen, dass beim Audi A8 der Querlenker ein Verschleißteil ist, dass alle 50.000km gewechselt werden muss, können Sie dies bei Preisverhandlungen nutzen und so leicht mehrere hundert Euro einsparen.

Tipp: Auf http://www.AutoBild.de gibt es kostenfreie Gebrauchtwagentests für fast alle Typen. Klicken Sie beim Redaktionsteil auf der linken Menüleiste auf Test & Technik und wählen Sie dann Gebrauchte.

Internetforen

Eine weitere, sehr gute und schnell zu findende Informationsquelle sind Diskussionsforen im Internet.

In diesen Foren diskutieren Gleichgesinnte über bestimmte Marken oder Modelle und wissen normalerweise deutlich mehr als Ihre Werkstatt, außerdem helfen Sie bei der preiswerten Ersatzteilbeschaffung. Allerdings dürfen Sie nicht vergessen, dass in den meisten Foren über Probleme mit Autos diskutiert wird – Posts, in denen die Zuverlässigkeit gepriesen wird, sind eher die Ausnahme.

Im Anhang finden Sie eine Liste von Foren für fast alle Automarken und –typen.

Autoprospekte

Ein guter Überblick über die Daten und Ausstattung eines Fahrzeugs ist auch in den Prospekten der Hersteller zu finden. Selbst wenn Sie nur einen Gebrauchtwagen kaufen wollen, schadet es nicht, sich eine kleine Prospektsammlung der Fahrzeuge zuzulegen, die Sie eventuell einmal als Gebrauchtwagen erwerben wollen.

Es gibt auch bei Internet-Auktionshäusern oft Prospekte von alten Fahrzeugen, allerdings können diese leicht bis zu 10€ kosten. Sie sind ihr Geld durchaus wert, und nach dem Autokauf können Sie den Katalog ja wieder bei eBay veräußern.

Bücher

Über viele beliebte Autos gibt es ganze Bücher mit detaillierten Informationen zu. Das gilt vor allem für Autos, die älter als 10 Jahre sind und eine große Fangemeinde haben.

6. Kauf – lieber von Privat vom Händler?

Ist die Entscheidung für einen Gebrauchtwagen gefallen, stellt sich zunächst die Frage, ob der Neue bei einem Händler oder von einem Privatmann erworben werden soll.

Beide Möglichkeiten bieten Vor- und Nachteile.

1. Möglichkeit: Der Kauf beim Händler

Erste Wahl beim Kauf eines Gebrauchtwagens ist eigentlich immer der Gang zum Händler. Dort bekommen Sie leicht den Überblick über verschiedene Modelle und lernen, die Preise für Ihr Wunschfahrzeug einzuschätzen. Darüber hinaus gibt es nur beim Gebrauchtwagenhändler die Möglichkeit, eine Garantie oder eine Finanzierung für Ihren neuen Gebrauchten zu erhalten.

Tipp: Bevor Sie einen Händler aufsuchen, der vielleicht etwas weiter entfernt ist, geben Sie den Namen des Händlers vorher in eine Suchmaschine ein. Wenn jemand mit einem Händler schlechte Erfahrungen gemacht hat, und Mitglied eines Autoforums ist, wird er seine Erfahrungen sicher gerne weitergeben, und dadurch sind Sie gewarnt und können eine vergebliche Anreise vermeiden.

Der Kauf beim Markenhändler

Suchen Sie einen jüngeren Gebrauchten (maximal 4 Jahre) ist es das Beste, Sie gehen erst einmal zu einem so genannten Markenhändler, also einem Händler, der auch Neufahrzeuge verkauft.

Hier ist die Auswahl oft sehr groß, da der Händler oft Zugriff auf Leasing- und Werksfahrzeuge hat. Es handelt sich dabei um Fahrzeuge, die nach 1-3 Jahren Nutzung bei regelmäßiger Wartung an den Händler zurückgegeben werden. Hier bekommen Sie auch eine optimale Beratung, auch wenn die Preise meist leider relativ hoch sind.

Darüber hinaus bekommen Sie bei einem Markenhändler oft auch eine geeignete Gebrauchtwagengarantie, die genau auf Ihr Fahrzeug zugeschnitten ist.

Tipp: Manchmal hat ein Händler aus Inzahlungnahmen auch Fahrzeuge anderer Marken im Angebot, die eigentlich nicht zum Anspruch des Hauses passen und deswegen relativ günstig zu haben sind. Fragen Sie allerdings vorher nach, warum der Vorbesitzer die Marke gewechselt hat.

Vorsicht bei Vorführwagen: Praktisch alle Händler haben so genannte Vorführwagen im Angebot, die meistens über zahlreiche Sonderausstattungen verfügen und gerne als Alternative zum Neuwagen angeboten werden. Bedenken Sie: Ein Vorführwagen geht durch viele Hände, er wird praktisch nie schonend eingefahren, das Gaspedal kennt nur die Stellungen Null und Vollgas, die Gänge werden vom Start weg voll ausgefahren. Besonders Sportwagen und gut motorisierte Limousinen werden brutal getestet, schließlich gehört „die Karre" einem nicht und man möchte wissen, „was die Kiste so drauf hat".

Aufgrund dieser Behandlung neigen Motor, Fahrwerk und Getriebe zu vorzeitigem Verschleiß, an solchen Fahrzeugen werden Sie auf Dauer wenig Freude haben.

Freie Gebrauchtwagenhändler

Es gibt immer mehr Gebrauchtwagenhändler, deren Auftritt des einen Markenhändlers in nichts nachsteht. Hier finden Sie optisch perfekte Gebrauchtwagen, die zum Teil in exklusiven Showräumen präsentiert werden.

Lassen Sie sich nicht täuschen. Wir haben bei solchen Händlern oft Autos angetroffen, die zwar auf der Oberfläche perfekt sein mögen, technisch aber einige Mängel hatten. So fiel uns beispielsweise bei einem eigentlich sehr ordentlichen BMW 750i die Verkleidung der B-Säule einfach so entgegen! Der eigentlich saubere Motor fing an, zu ölen und die Automatik ruckte.

Relativ gute Erfahrungen haben wir dagegen bei Händlern gemacht, die Ihr Geld nicht in teure Showräume, sondern in gute Autos investiert haben, die sie auf den

Geländen ehemaliger Tankstellen präsentieren. Hier sind durchaus Schnäppchen zu machen, allerdings sollte man sich auskennen.

Vorsicht ist immer bei so genannten „Kiesplatzhändlern" oder „Fähnleinhändlern" geboten, die einen gemischten Bestand älterer Fahrzeuge haben und auch nicht sehr professionell aussehen. Wenn Sie allerdings begeisterter Hobbyschrauber sind und Ihre Sammlung um einen seltenen Youngtimer bereichern wollen, werden Sie bei einem Kiesplatzhändler auf einer Ausfallstraße sicher fündig.

Der Kauf bei einer Autovermietung

Oft bieten große Autovermietungen ihre Flottenfahrzeuge als Gebrauchtwagen an. In den Anzeigen werden sie beworben, als handele es sich praktisch um neue Autos, die in einer Sonderaktion mit einem Riesenrabatt verkauft werden.

Nichts könnte ferner von der Wahrheit entfernt sein: Zwar sind die Fahrzeuge meist nur ein paar Monate oder maximal 2 Jahre alt, haben aber meist viele Kilometer auf dem Tacho.

Dies an sich ist kein Nachteil, allerdings können Sie davon ausgehen, dass ein Mietwagen von den wenigsten Nutzern pfleglich behandelt wurde, schließlich handelt es sich wie bei einem Vorführwagen nicht um den eigenen Wagen, also muss man nicht drauf aufpassen.

Vorsicht bei früheren Mietwagen:

Hier gilt das Gleiche wie bei Vorführwagen in verstärkter Form: Selbst wenn die Mieter sorgfältig mit dem Fahrzeug umgehen, wird dem Auto spätestens vom Personal der Rest gegeben.

Oft werden die Fahrzeuge mit Vollgas durch die Stadt gejagt, von einer Station zur nächsten, die Reinigung erfolgt oft durch Fremdfirmen, die mit dem Auto auch nicht besser umgehen.

Der anfänglich günstige Preis kann deshalb schnell durch teure Reparaturen relativiert werden, die meistens kurz nach Ablauf der Garantiezeit auftreten.

Die Händlergewährleistung

Ein großer Vorteil des Kaufs beim Händler besteht darin, dass der Händler als Kaufmann einer Gewährleistungspflicht unterliegt. Diese Pflicht dauert laut BGB 2 Jahre, kann aber im Kaufvertrag auf bis zu 1 Jahr verringert werden. Sollten in dieser Zeit Mängel am Fahrzeug auftreten, so kann der Käufer vom Händler Nachbesserung verlangen.

In den ersten sechs Monaten dieser Frist liegt die Beweislast beim Händler. Das heißt, der Händler muss beweisen, dass der Wagen zum Zeitpunkt der Übergabe diesen Mangel noch nicht hatte. Naturgemäß ist dieser Beweis schwer bis gar nicht zu erbringen, so dass Sie in den ersten 6 Monaten nach dem Kauf eigentlich immer auf der sicheren Seite sind.

Nach Ablauf dieser Frist hingegen müssen Sie beweisen, dass ein Mangel schon beim Kauf vorlag, denn für Mängel, die erst nach dem Kauf entstehen, haftet der Händler im Rahmen der Gewährleistung nicht.

Vorsicht bei Bastlerautos & Vermittlung von Privatverkäufen

Vorsicht bei so genannten „Bastlerfahrzeugen"! Manch unseriöser Händler möchte sich damit für spätere Streitigkeiten versichern, da ja der Käufer bei Abschluss des Kaufvertrages über die (eventuelle) Fehlerhaftigkeit des Fahrzeugs informiert war. Danach hätte der Käufer keinen Anspruch auf Nachbesserung.

Diese Praxis ist aber rechtswidrig.

Der Gewährleistungsausschluss ist auch in einem solchen Fall für einen Händler nicht zulässig und hat vor Gericht keinen Bestand.

Zögern Sie also nicht, sich in einer solchen Situation von einem erfahrenen Anwalt beraten zu lassen.

Achtung: Informieren Sie sich auch, ob der Händler das Auto in eigenem Namen verkauft oder nur einen Privatverkauf vermittelt. Im letzten Fall hat ein Gewährleistungsausschluss Gültigkeit!

2. Möglichkeit: Der Kauf von Privat

Ein Großteil aller Gebrauchtfahrzeuge wird nach wie vor bei privaten Verkäufern gekauft, auch wenn zu der klassischen Kleinanzeige das Internet als Angebotsmedium hinzukommt.

Fahrzeuge aus privater Hand sind oft deutlich günstiger als Autos, die vom Händler verkauft werden.

Der Grund hierfür ist in der Gewährleistung zu finden:

Der Privatmann als Verkäufer kann wirksam die Gewährleistung im Kaufvertrag ausschließen, jeder Standardvertrag für Verkäufe unter Privatleuten enthält eine Klausel für den Gewährleistungsausschluss.

In der Praxis heißt dass: Wer aus Unkenntnis einen fahrenden Schrotthaufen von einem Privatmann kauft, der die Gewährleistung ausgeschlossen hat, kann großes Pech haben. Fällt der Wagen in der Zeit nach dem Kauf auseinander, ist das Geld unwiderruflich verloren.

Trotzdem kann der Kauf von Privat einige Vorteile haben:

Privatleute haben meist deutlich weniger Erfahrung im Verhandeln als Händler. Sie wollen sich nicht lange mit dem Verkauf beschäftigen und ihr Fahrzeug möglichst schnell zu einem halbwegs brauchbaren Preis loswerden, um möglichst schnell das Geld für den Kauf eines neuen Autos zu bekommen.

Das bedeutet für Sie, dass der Privatverkäufer beim Preis eher bereit ist, sich herunterhandeln zu lassen als ein Händler.

Darüber hinaus lernen sie beim Kauf von Privat meist den Menschen kennen, der das Fahrzeug vor Ihnen bewegt hat. Es ist allgemein wesentlich besser, das Fahrzeug von einem Rentner zu kaufen als von einem zwanzigjährigen Fahranfänger.

3. Möglichkeit: Das Internet-Auktionshaus

Zahlreiche Internet-Auktionshäuser entwickeln sich immer mehr zu Plattformen für den Autohandel. Es werden unzählige Fahrzeuge zu attraktiven Preisen angeboten, es locken schöne Fotos und lange Texte mit vielen Informationen über das Auto.

Und wenn viele Mitbewerber für das Auto bieten, kann man doch eigentlich nicht viel falsch machen, oder?

Leider doch. Beim Internet-Kauf gibt es nämlich zahlreiche Fallen, die es zu berücksichtigen gilt.

Entfernung

Zunächst einmal ist zu beachten, dass ein angebotenes Auto meist nicht in unmittelbarer Nähe, sondern in einiger Entfernung steht, das heißt, das eine Besichtigung mit relativ hohen Kosten verbunden ist – wohlgemerkt, für ein Auto, dessen Preis noch gar nicht feststeht.

Verhandlungsspielraum

Wenn Sie ein Auto beim Händler oder einem privaten Verkäufer kaufen, haben Sie immer die Möglichkeit, den Preis herunterzuhandeln.

Bei einer Internet-Versteigerung ist das Gegenteil der Fall: der Preis des Fahrzeugs wird gegen Ende der Auktion immer höher. Sie sind an Ihr Gebot gebunden – selbst wenn sich das ersteigerte Auto bei der Abholung als absolute Gurke entpuppt.

Beachten Sie folgende Regeln

Wenn Sie trotzdem ein Auto im Internet ersteigern wollen, halten Sie sich auf jeden Fall an die folgenden Regeln:

1. Schauen Sie sich das Auto an und fahren Sie Probe, bevor Sie Ihr erstes Gebot abgeben

2. Setzen Sie sich ein maximales Limit. Oft gehen die Preise in den letzten Minuten in der Hitze des Gefechts sehr viel höher als der Wagen eigentlich wert ist.

Auktionen sind eine wunderbare Sache, wenn Sie einen Wagen verkaufen und sich die üblichen Verhandlungen ersparen wollen, aber für den Autokauf sind Internet-Auktionen nicht wirklich zu empfehlen.

7. Ist eine Gebrauchtwagengarantie zu empfehlen?

Jenseits der Gewährleistung kann ein Händler noch eine Garantie anbieten, die Schäden abdeckt, die während der laufenden Benutzung entstehen. Diese Garantieleistungen sind allerdings freiwilliger Natur und oft Verhandlungssache.

Die Vorteile einer Gebrauchtwagengarantie

Der große Vorteil einer Gebrauchtwagengarantie ist, dass 6 Monate nach dem Kauf im Gegensatz zur Gewährleistung die Umkehr der Beweislast nicht eintritt, und man das Fahrzeug in jeder beliebigen Vertragswerkstatt reparieren lassen kann.

Aber selbst, wenn der Händler von sich aus keine Garantie anbietet, ist es im Regelfall durchaus möglich, bei einem Anbieter wie CarGarantie eine Garantie gegen Aufpreis zu bekommen.

Gebrauchtwagengarantien haben in den meisten Fällen den Charakter einer Reparaturkostenversicherung, d.h. sie bezahlen nur die Reparatur von Schäden, die im Garantievertrag ausdrücklich aufgeführt sind.

Meist sind in den Positivlisten nur mechanische Komponenten wie Motor, Getriebe und Kühlsystem vermerkt, die in der Regel eher sehr selten kaputtgehen.

Alles, was nicht in der Positivliste vermerkt ist, wird auch nicht übernommen, wie zum Beispiel Elektronikdefekte, die bei modernen Autos sehr häufig vorkommen.

Bis vor kurzem gab es bei Herstellern wie BMW noch Gebrauchtwagengarantien, die den Charakter einer Neuwagengarantie hatten und alle Schäden abdeckten. Inzwischen ist eine solche Garantie nur noch bei Porsche erhältlich, und das sogar bis zu einem Fahrzeugalter von 12 Jahren und 200.000km.

Lesen Sie das Kleingedruckte!

Es lohnt sich auf jeden Fall, vor Abschluss einer Garantie das Kleingedruckte genau zu lesen.

So werden von den meisten Garantieanbietern die Reparatur von Fahrzeugen von vorneherein ausgeschlossen, die eine der folgenden Bedingungen erfüllen:

- mit mehr als 6 Zylinder und/oder 136 KW
- Fahrzeugalter zum Beginn des Versicherungszeitraums > 7 Jahre
- Fahrzeugkaufpreis < 4000€
- Fahrzeuge, die auf Gasantrieb umgerüstet wurden
- Fahrzeuge mit Motor- oder Fahrwerkstuning

Genauso ist es die Regel, dass ab einer bestimmten Laufleistung (z.B. von 50.000 oder 100.000km) meist nur noch ein Teil der Reparaturkosten übernommen werden.

Vorsicht Falle!

- In manchen Fällen kann es sogar passieren, dass Sie innerhalb von zwei Wochen nach dem Kauf ein bestimmtes Formular an den Versicherer schicken müssen: anderenfalls ist die „Garantie" wertlos.

- Viele Händler kennen die genauen Garantiebedingungen überhaupt nicht und werden Ihnen gerne auch eine Garantie verkaufen, die von vorneherein völlig wertlos ist.

- Einige Garantieanbieter schreiben die Verwendung bestimmter Öle und Additive vor, so darf man z.B. bei einer Versicherung von XYZCar nur von XYZCar angebotene Öle verwenden.

- Genauso kann es vorkommen, dass Wartungsintervalle vorgeschrieben werden, die weit über die vom Hersteller empfohlenen Intervalle hinausgehen.

- Einige Anbieter verlangen außerdem, dass ihnen nach jeder Inspektion innerhalb von 7 Tagen eine von der Werkstatt abgestempelte „Infokarte" zugeschickt wird – anderenfalls erlischt der Versicherungsschutz.

- Manchmal muss die Reparatur vorher schriftlich mit dem Versicherer abgestimmt werden. Bis das geklärt ist stehen Sie im Ernstfall erstmal ohne Auto da.

- Oft übernimmt die Versicherung nur eine Reparatur mit Gebrauchtteilen oder billigen Nachbauteilen, die oft qualitativ minderwertig sind.

- Auch wer glaubt, dass eine Reparaturkostenversicherung zumindest vor einem kapitalem Motor- oder Getriebeschaden schützt, irrt: in vielen Verträgen gibt es eine maximale Kostenübernahme von 1000-2000€.

- Manchmal sind die ersten 500km oder zwei Wochen ausdrücklich ausgeschlossen.

- In manchen Verträgen kann der Versicherer den Vertrag nach dem ersten
Schadensfall fristlos kündigen.

Keine Übernahme von Verschleißteilreparaturen

Die Reparatur von Verschleißteilen wie Kupplung, Bremsen, Stoßdämpfern, Fahrwerksteilen und ähnlichen Dingen wird von Reparaturkostenversicherungen in der Regel nicht übernommen.

Fazit

Reparaturkostenversicherungen lohnen sich im Normalfall nicht. Viele Risiken werden von der Händlergewährleistung ausreichend abgedeckt, so dass eine Reparaturkostenversicherung nicht unbedingt notwendig ist.

Bietet der Händler von sich aus eine Reparaturkostenversicherung an, lesen Sie sich die Bedingungen ganz genau durch. Wenn sie keinen Sinn macht, lehnen Sie die Versicherung ab und lassen Sie sich die Prämie lieber vom Händler auszahlen.

8. Was bringt ein Kfz-Prüfsiegel?

Viele Autohändler bieten ihre Wagen mit dem Gütesiegel einer unabhängigen Prüforganisation an.

Aber was ist ein solches Siegel wirklich wert?

Um ein solches Siegel zu bekommen, wird der Gebrauchtwagen von der jeweiligen Prüforganisation in einer Werkstatt überprüft. Dabei muss der Wagen (je nach Prüfdienst) folgende Bedingungen erfüllen:

Karosserieschäden

- Funktion der Karosserieteile muss gewährt sein
- Das Auto darf keine Restunfallschäden haben
- Es darf nicht allzu viele Dellen oder Kratzer haben
- Es darf keine Korrosionsschäden haben
- Keine Steinschlagschäden
- Es müssen alle Anbauteile vorhanden sein
- Die Frontscheibe darf nicht allzu zerkratzt sein

Innenraum

- Geruchsfrei
- Die Sitze dürfen keine starken Gebrauchsspuren aufweisen
- Die Mechanik der Sitze muss in Ordnung sein
- Dachhimmel und Teppich dürfen keine starke Verschmutzung haben
- Die Bedieneinrichtungen müssen funktionieren
- Bei Heizung und Lüftung dürfen keine Mängel entdeckt werden

Motor, Getriebe, Auspuffanlage

- Der Motor darf keinen starken Ölverlust haben
- Der Ölstand muss ausreichend sein
- Getriebe und Achsantrieb dürfen keinen starken Ölverlust haben
- Das Kühlsystem muss mängelfrei sein, darüber hinaus muss ausreichend

Kühlflüssigkeit vorhanden sein, die den Herstellervorgaben entspricht.

- Die Abgasanlage darf keine starken Schäden aufweisen, bzw. muss sachgemäß instand gesetzt sein.
- Bei der Probefahrt dürfen keine atypischen Geräusche an Aggregaten, Motor, Getriebe oder Achsen auftreten und auch keine sonstigen Mängel festgestellt werden.

Räder und Bremsanlage

- Die Reifen müssen mehr als 3 mm Profiltiefe aufweisen
- Die Felgen dürfen nicht angerostet oder stark beschädigt sein
- Das Ersatzrad muss in Ordnung sein
- Bremsscheiben und Beläge dürfen noch nicht die Verschleißgrenze erreicht haben
- Der Wassergehalt der Bremsflüssigkeit darf 3% nicht überschreiten

Elektrik

- Alle Kontrollleuchten müssen funktionieren
- Elektrische Fensterheber, Schiebedach und Sitzeinstellung müssen mängelfrei sein
- Die Klimaanlage muss funktionieren

Weiterhin wird überprüft, ob die vom Hersteller vorgeschriebenen Wartungsintervalle eingehalten wurden und ob Haupt- und Abgasuntersuchung noch aktuell sind.

Schöne Liste, nicht wahr?

Ein Kfz-Siegel ist keine Garantie für ein Perfektes Auto!

Trotz allem ist ein Kfz-Siegel keine Gewährleistung, dass das Auto wirklich vollkommen in Ordnung ist.

So haben wir beispielsweise schon Autos gesehen, die ein solches Siegel trugen, aber trotzdem starke Steinschlagschaden und sehr abgewetzte Vordersitze hatten. Darüber hinaus funktionierte die Scheibenwaschanlage nicht und das elektrische Schiebedach war defekt.

Wenn Sie genau hinsehen, werden Sie feststellen, dass viele Prüfkriterien sog. „Weichmachern" unterliegen: wie stark ist denn eine starke Abnutzung, wie gering darf ein geringer Ölverlust sein? Unserer Ansicht nach darf ein Auto überhaupt keinen Ölverlust haben.

Die Prüfer stehen meist unter Zeitdruck und haben so nicht die Möglichkeit, den Wagen so ausführlich zu untersuchen, wie es Ihnen möglich ist. Daher werden diese Prüfungen nicht immer so sorgfältig durchgeführt, wie es eigentlich sein sollte.

Eine Prima Gebrauchtwagenversicherung - Aber nur für Ihren Händler!

Ein Kfz-Siegel bedeutet, dass ein Auto keine bei einer groben Untersuchung sofort auffallenden Mängel hat.

Für den Verkäufer ist es aber mehr als das:

Es ist eine Versicherung, mit der er sich gegen Ihre Gewährleistungsansprüche schützen kann.

Wenn Sie nun ein Auto kaufen und nach zwei Wochen ein Problem damit haben, können Sie normalerweise im Rahmen der Gewährleistungspflicht zu Ihrem Händler gehen und Nachbesserung fordern.

Hat der Wagen aber ein Kfz-Siegel, wird der Händler Ihre Forderungen mit dem Argument ablehnen, dass der Wagen ein Siegel hätte, und dass von daher alles in Ordnung sei, bzw. der Schaden erst später bei Ihnen entstanden ist.

Auf diese Weise wendet sich das eigentlich gut gemeinte Prüfsiegel ironischerweise gegen den, dem es eigentlich Schutz bieten soll: nämlich Sie, dem nun Gott sei Dank nicht mehr ganz so ahnungslosen Gebrauchtwagenkäufer.

Aus dem Leben

Ein Kollege hat sich mit einem drei Jahre alten Mercedes E270 CDI einen Traum erfüllt. Doch schon drei Tage nach dem Kauf streikte die Lüftung, der Schaden wurde für über 700€ repariert. Der Verkäufer verweigerte die Übernahme der Reparaturkosten mit dem Hinweis, dass der Wagen vorher von einer KFZ Prüfstelle überprüft wurde und ein entsprechendes Siegel erhalten hätte. Somit sei der Wagen bei der Übergabe mängelfrei gewesen, und demzufolge würde der Schaden von der Gewährleistung nicht gedeckt sein.

9. Die Gebrauchtwagenprüfung

Sie haben sich über Ihren Traumwagen informiert, recherchiert und nun ein Auto gefunden, das Ihnen zusagt.

Überprüfung des Wagens im Internet

Ihre nächste Aufgabe ist es, das Angebot genau zu prüfen. Dank des Internets können Sie den ersten Teil der Überprüfung bequem von zu Hause aus erledigen.

1. Achten Sie auf den Originalzustand

Da die meisten Autoangebote im Internet mit Fotos ausgestattet sind können Sie sehr schnell feststellen ob sich das angepriesene Fahrzeug im Originalzustand befindet oder nicht. Um die Originalität festzustellen, ziehen Sie am besten den Originalprospekt zu rate. Darin lässt sich am einfachsten feststellen ob es beispielsweise einen an das Auto montierten Spoiler schon ab Werk gab oder ob er nachgerüstet wurde.

Vorsicht bei Fahrzeugen, die tiefer gelegt sind, andere Räder oder sonstige Anbauteile haben. Solche Umbauten lassen oft auf einen ruppigen und nicht sehr pfleglichen Fahrstil schließen, abgesehen davon kann es sein, dass die Umbauten laienhaft gemacht und im Zweifel noch nicht einmal vom TÜV abgesegnet worden sind!

Ihr Wunschauto sollte sich möglichst im Originalzustand befinden, also nicht tiefer gelegt oder sonst wie verbastelt sein.

2. Ist die Laufleistung realistisch?

Eines der Hauptkriterien zur Auswahl eines speziellen Fahrzeugs sollte die Laufleistung sein. Bei den meisten Autos fangen ab ca. 150.000 km die Kosten für Verschleißteile und Reparaturen an, in die Höhe zu schießen.

Daher empfiehlt es sich, einen Wagen mit einer möglichst geringen Gesamtlaufleistung auszusuchen. Idealerweise liegt die Laufleistung zwischen 10.000 und 15.000 Km pro „Lebensjahr" des Autos, ein 5 Jahre alter Wagen sollte also zwischen 50.000 und 75.000 Km hinter sich gebracht haben.

Bei geringeren Laufleistungen ist anzunehmen, dass der Wagen fast nur in der Stadt und damit auf Kurzstrecken gefahren wurde.

Der Verschleiß durch einen nur selten warm gefahrenen Motor ist erheblich höher, als bei einem Wagen, der die doppelte Laufleistung bei ruhiger Fahrt auf Autobahnen abgespult hat. Des Weiteren sind bei sehr niedrigen Laufleistungen und den damit verbundenen langen Stehzeiten so genannte Standschäden nicht ausgeschlossen.

Standschäden sind z.B. beschädigte Reifen oder poröse Dichtungen im Motor, die durch fehlendes Öl austrocknen und dadurch Undichtigkeiten verursachen. Genauso verringert sich oft die Leistung der Bremsen. Im schlimmsten Fall rosten sie einfach fest, so dass man das Auto noch nicht einmal rollen kann.

3. Ist der Angebotspreis fair?

Haben Sie im Internet ein Auto gefunden, sollten Sie sich als erstes darüber informieren wie gut das Angebot eigentlich ist. Der Preis von Gebrauchtwagen orientiert sich normalerweise an den handelsüblichen Gebrauchtwagenlisten wie der Schwackeliste.

In der Schwacke Liste gibt es für jedes Fahrzeug einen Händlereinkaufspreis und einen Händlerverkaufspreis.

Der Händlereinkaufspreis ist der Preis, zu dem ein Händler das Fahrzeug ankaufen würde, der Händlerverkaufspreis dagegen ist der Preis, zu dem er das Auto verkauft. Wegen der Gewinnmarge und der Gewährleistungspflicht ist der Händlerverkaufspreis immer höher als der Einkaufspreis.

Der Preis bei einem privaten Anbieter liegt normalerweise zwischen dem Händlerein- und Verkaufspreis.

Hat der Wagen eine sehr gute Ausstattung, wenige Kilometer und einen ungewöhnlich guten Pflegezustand, rechtfertigt dies einen Preisaufschlag.

Seien Sie misstrauisch bei Angeboten, deren Preis ungewöhnlich niedrig erscheint: hier handelt es sich oft um gestohlene Fahrzeuge, die mit neuen Papieren ausgestattet worden sind und möglichst schnell an den Mann gebracht werden sollen.

4. Exportpreis? Nein Danke!

Manchmal werden Sie Autos finden, die recht günstig erscheinen. Am Ende der Anzeige steht oft: „Exportpreis".

Exportpreis bedeutet zweierlei: zum einen müssen Sie auf den scheinbar günstigen Preis noch die 19% Mehrwertsteuer draufschlagen, zum anderen hat der Wagen vermutlich dermaßen viele Mängel, dass der Verkäufer keine Gewährleistung geben möchte.

5. Farbe

Das Auto sollte in einer gängigen Farbe wie Schwarz, Silber oder Blau, lackiert sein. Auffällige Farben wie Rot oder gar Gelb rechtfertigen einen Preisabschlag, es sei denn, Sie kaufen eine Corvette oder einen Ferrari.

6. Kontaktieren Sie den Verkäufer

Ist der Angebotspreis halbwegs realistisch, und steht der Wagen nicht in unmittelbarer Nähe (5km) vom Wohnort, rufen Sie den Verkäufer an und fragen Sie, ob das Angebot noch existiert und ob der Wagen bei Ihm steht.

Anderenfalls kann es passieren, dass Sie viele Kilometer fahren, nur um festzustellen, dass es das Auto aus irgendeinem Grund nicht mehr gibt oder dass es an einem anderen Ort steht.

Fragen Sie den Verkäufer nach dem Zustand des Fahrzeugs, nach eventuellen Zahlungsmodalitäten (falls Sie eine Finanzierung oder ein Leasing-Modell wählen möchten), Inzahlungnahme Ihres alten Fahrzeugs und den Öffnungszeiten.

Fragen Sie auch, ob das Fahrzeug irgendwelche Defekte ausweist, die in der Anzeige nicht erwähnt sind.

Falls das Auto weiter weg steht (>50km), vereinbaren Sie auf jeden Fall gleich einen Probefahrttermin, und sagen Sie auch gleich Bescheid, dass Sie den Wagen für mindestens zwei Stunden fahren möchten.

Und last but not least: versuchen Sie auch herauszufinden, warum das Auto verkauft werden soll. Nicht selten geschieht nämlich ein Verkauf dann, wenn entweder eine größere Reparatur getätigt wurde oder diese noch bevorsteht.

7. Nutzen Sie Internetforen

Manchmal gibt es Fahrzeuge, die immer wieder zum Verkauf angeboten werden.

Sind Sie Mitglied eines Autoforums im Internet, fragen Sie ihre Kollegen, ob der Wagen dort bekannt ist.

Falls der Wagen sehr weit weg steht, können Sie auch einen Kollegen bitten, ihn für Sie zu besichtigen.

Die erste Begutachtung des Wagens

Wenn Sie nun zum Verkäufer aufbrechen, um den Wagen zu begutachten, sollten Sie das nach Möglichkeit immer zu zweit tun, um im Zweifelsfall eine zweite Meinung zu haben, die nicht von einer rosaroten Brille getrübt wird.

Am besten nehmen Sie einen Bekannten mit, der etwas von der Thematik versteht, aber auch jemand ohne Sachverstand (wie z.B. Ihr(e) völlig unbedarfte(r) Ehefrau oder -mann) kann wertvolle Hilfe beim Aufdecken optischer Mängel leisten (guck mal Schatz, das Lenkrad ist ja ganz abgeschabt).

Merke: Vier Augen sehen IMMER mehr als zwei.

Ausrüstungsgegenstände

Folgende Gegenstände sollten Sie bei der Überprüfung eines Gebrauchtwagens immer dabeihaben:

- Taschenlampe und

- Handspiegel um in versteckte Bereich zu gucken

- Magnet (oder besser noch ein Gerät zur Messung der Lackdicke)

- Wolldecke oder ein Stück Pappe, um sich zwecks genauer Inspektion auf dem Boden niederlassen zu können.

- Die Checkliste am Ende dieses Buchs

- Außerdem empfohlen: eine Digitalkamera mit Blitzlicht (kann auch Ihr Smartphone sein)

Es empfiehlt sich übrigens, zur Gebrauchtwagenbegutachtung nicht unbedingt die besten Sachen anzuziehen, denn erstens sind Gebrauchtwagen naturgemäß nicht immer sauber, zweitens müssen Sie beim Verkäufer nicht unbedingt den Eindruck erwecken, Sie seien reich.

Wenn Sie nun beim Händler sind und den Wagen begutachten, werfen Sie als erstes einen allgemeinen Blick auf das Fahrzeug: steht er so da wie auf den Fotos, oder entpuppt er sich als Schrottmühle?

Nur wenn der optische Eindruck einigermaßen brauchbar ist, sollten Sie zum Verkäufer gehen und sich den Schlüssel aushändigen lassen.

1. Das Serviceheft

Nach dem Einsteigen sollte Ihre erste Amtshandlung darin bestehen, das Handschuhfach zu öffnen und das Serviceheft zu kontrollieren.

Im Serviceheft werden alle Inspektionen des Wagens mit Stempel und Unterschrift der Werkstatt sowie dem Kilometerstand und dem Datum vermerkt. Anhand dieser Eintragungen lässt sich viel über den Pflegezustand erkennen.
Wurde das Fahrzeug regelmäßig in Fachwerkstätten gewartet, befindet sich das Fahrzeug meist in einem recht guten Zustand, viele Verschleißteile sollten bereits erneuert worden sein.

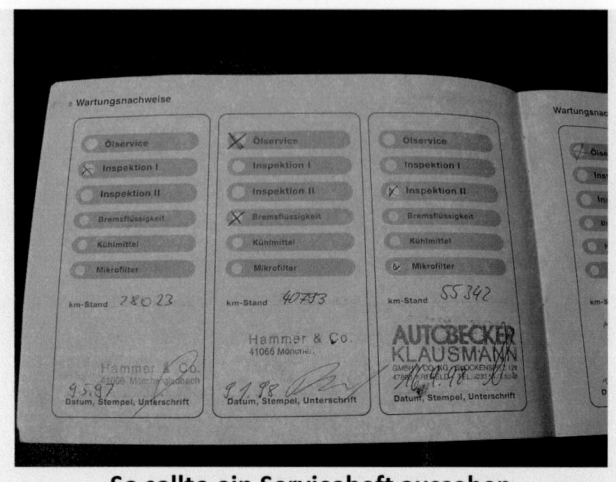

So sollte ein Serviceheft aussehen

Fehlt das Serviceheft oder sind nur sporadisch Einträge vorhanden, heißt das, dass der Vorbesitzer entweder aus Geldmangel die Pflege seines Wagens vernachlässigt hat oder selbst daran herumgeschraubt hat. Ist letzteres der Fall, fragen Sie den Verkäufer auf jeden Fall nach Aufzeichnungen und Rechnungen für Ersatzteile.

Ein Fahrzeug mit ausführlichem Serviceheft ist in jedem Fall einem Fahrzeug ohne Serviceheft vorzuziehen.

Fehlt das Serviceheft, und kann der Besitzer keinerlei sonstige Wartungsnachweise vorlegen, sollten Sie vom Kauf des Wagens Abstand nehmen.

Wenn Sie ihn trotzdem kaufen wollen, so ist ein Preisabschlag von bis zu 30% vom Schwackepreis gerechtfertigt, im Zweifelsfall sollten Sie das Auto zusätzlich bei einem professionellen Sachverständigen durchprüfen lassen.

Exoten wie Porsche und Ferrari sind grundsätzlich NUR mit Serviceheft zu kaufen.

Schauen Sie bei der Gelegenheit auch nach, ob die Bedienungsanleitung des Autos vorhanden und vollständig ist.

Tipp: Achten Sie beim Serviceheft auf die Qualität des Stempels. Normalerweise nutzen sich Stempel über die Jahre ab, deswegen ist es normal, wenn alle Stempelabdrücke in Größe, Farbe und Qualität variieren. Sind alle Stempel von gleicher Qualität, ist Vorsicht angebracht: wahrscheinlich wurde das Heft gefälscht.

2. Kilometerstand

Überprüfen Sie im Tacho ob der angezeigte Kilometerstand dem angegebenen Kilometerstand entspricht und ob er anhand der Eintragungen im Serviceheft nachzuvollziehen ist. Bei Abweichungen sofort nachfragen, im Zweifel: Finger weg!

3. Die Zulassungsbescheinigung Teil II (ehemals Fahrzeugbrief)

Lassen Sie sich die Zulassungsbescheinigung Teil II (früher bekannt als Fahrzeugbrief) vom Verkäufer zeigen. Außer dem Serviceheft ist auch die ein sehr aussagekräftiges Dokument.

Falls das Auto schon einige Jahre auf dem Buckel hat lohnt es sich, den Verkäufer nach dem Brief zu fragen. Im alten Fahrzeugbrief steht nämlich genau, wie lange das Fahrzeug an- oder abgemeldet war, und wie viele Vorbesitzer es hatte, außerdem enthielt er auch die Daten der ehemaligen Halter. Hatte der Wagen viele Vorbesitzer ist wieder Vorsicht geboten.

Je mehr Halter es gab und je kürzer die Haltungszeit war, desto höher ist die Gefahr, ein Fass ohne Boden zu erwischen, warum sonst hätten die ehemaligen Halter das Auto sonst so schnell wieder verkaufen sollen?

Lange Stilllegungszeiten deuten auf einen Ladenhüter bei Händlern und eventuelle Standschäden hin.

Eine gute Möglichkeit, sich Informationen über den Wagen zu beschaffen, ist, mit den ehemaligen Haltern Kontakt aufzunehmen, und sich über eventuell vorhandene Macken unterrichten zu lassen.

Im Optimalfall hat ein Gebrauchtwagen nur einen Vorbesitzer, was aber recht selten ist. Wenn es mehrere Vorbesitzer gab, sollten Sie den Wagen nur kaufen, wenn jeder Vorbesitzer den Wagen mehr als zwei Jahre lang gefahren hat.

4. Ist die TÜV-Plakette gültig?

Falls Sie den Wagen von privater Hand kaufen und er noch zugelassen ist, sollten Sie überprüfen, ob die Angaben zur nächsten Haupt- und Abgasuntersuchung richtig sind.

Dazu sehen Sie sich die oberen Plaketten am vorderen und hinteren Kennzeichen an. Die Plakette am hinteren Kennzeichen ist die TÜV-Plakette, die am vorderen steht für den nächsten AU-Termin.

Die Zahl auf 12 Uhr gibt dabei den Monat, die Zahl in der Mitte das Jahr der nächsten Untersuchung an.

So muss das Fahrzeug mit dem Kennzeichen auf dem Bild im September 2006 wieder zur Untersuchung.

Fahrzeuge mit abgelaufenen Prüfungsfristen dürfen nicht auf deutschen Straßen bewegt werden, eine Zuwiderhandlung kostet empfindliche Strafen.

Steht der Wagen beim Händler, lassen Sie sich den TÜV bestätigen, oder fordern Sie, dass der TÜV gleich neu gemacht wird.

5. Stimmt die Fahrgestellnummer?

Die Fahrgestellnummer ist eine 17-stellige Nummer, die bei europäischen Fahrzeugen normalerweise im Motorraum zu finden ist. Bei neueren Modellen ist sie gut sichtbar in die Windschutzscheibe eingelassen.

Die Fahrgestellnummer im Motorraum.
Überprüfen Sie, ob alle Fahrgestellnummern übereinstimmen

Vergleichen Sie die Nummer mit der entsprechenden Nummer im Fahrzeugschein und Fahrzeugbrief. Stimmt sie nicht überein oder ist sie gar unleserlich – Finger weg, der Wagen wurde höchstwahrscheinlich gestohlen.

6. Schlüssel, Radio Codes, CDs

Sind alle Schlüssel vorhanden? In der Bedienungsanleitung steht genau, welche Schlüssel vorhanden sein müssen. Fehlt ein Schlüssel, ist höchstes Misstrauen angebracht: der Wagen könnte gestohlen oder unterschlagen worden sein!

Fragen Sie auch, ob es eine Decodierungskarte für das Radio gibt – viele Radios haben eine Schutzfunktion, die den Betrieb des Radios nach einem Stromausfall nur nach Eingabe eines Sicherheitscodes erlaubt.

Hat das Fahrzeug ein Navigationssystem? Prüfen Sie nach, ob die originale CD-ROM oder DVD beiliegt.

7. Vorbesitzer und was sie bedeuten

Fragen Sie, was für einen Vorbesitzer der Wagen hatte. Manchmal werden Autos als Arztwagen, Seniorenwagen oder aus „Damenhand" gepriesen. Das kann folgendes bedeuten:

Arztwagen = Auto, mit dem ein Arzt nachts regelmäßig mit Vollgas zum Patienten gerast sein könnte.

Seniorenwagen = Ruhige Fahrweise, der Motor wurde selten hoch gedreht, was aber auch bedeutet, dass der Motor nicht an hohe Drehzahlen gewöhnt ist und bei der ersten schnellen Autobahnetappe deswegen den Geist aufgeben könnte.

Aus Damenhand = Vermutlich ein hoher Anteil an Stadtverkehr mit entsprechend hohen Verschleißerscheinungen, untersuchen Sie besonders den Auspuff auf Rost.

Pressefahrzeug = Auto, bei dem das Werk besonders penibel darauf geachtet hat, dass mit dem Auto vor der Übergabe alles in Ordnung ist, allerdings wurde der Wagen von Journalisten diversen Tests unterzogen, was aber nicht unbedingt ein Nachteil sein muss, da diese Leute meist mit viel Sachverstand fahren, solange die Fahrzeuge nicht übermäßig stark motorisiert sind.

Trainingsfahrzeug = Meist Autos mit guter Motorisierung, billig abzugeben, aber mit extrem hohem Verschleiß und garantiert unsachgemäßer Benutzung.

Liebhaberfahrzeug = kann bedeuten, dass der Wagen super gepflegt und Top in Schuss ist, kann aber auch bedeuten, das der Wagen seine wirtschaftliche Lebenszeit überschritten hat und nur mit großem Aufwand betrieben werden kann.

Fahrschulwagen = Wie die behandelt werden wissen Sie aus eigener Erfahrung, und dann meist Stadtbetrieb -> Nein, danke!

Vorführfahrzeug = Viele Leute sind mit dem Ding in der Gegend herumgeheizt, und den meisten davon war es völlig egal, ob das dem Auto gut tut, also wie schon anfangs erwähnt, Finger weg von Vorführfahrzeugen, und wenn sie noch so gut ausgestattet sind.

Mietfahrzeug – Siehe Vorführfahrzeug, und wenn die Mieter das Auto nicht zuschanden gefahren haben, dann die nicht selten jugendlichen Angestellten der Mietfirmen.

Aus Prominentem Vorbesitz – Sagt wenig darüber aus, wie der Wagen gefahren wurde. Es lohnt sich auf keinen Fall, mehr Geld für ein Auto mit einem prominenten Vorbesitzer auszugeben, es sei denn, Sie wollen sich den Kfz-Brief ins Wohnzimmer hängen.

Der ideale Vorbesitzer ist im Allgemeinen der Erstbesitzer eines Autos, jemand der den Wagen neu gekauft und sich damit einen Traum erfüllt hat. Auch Jahreswagen von Angestellten eines Automobilkonzerns kann man durchaus empfehlen, denn diese sind normalerweise sehr gut gepflegt, weil sie in der Absicht gekauft wurden, sie nach einem Jahr zu einem guten Preis wieder zu verkaufen.

A. Die Außenprüfung

Wenn die grundlegenden Dinge stimmen, fangen Sie an, das Auto genau unter die Lupe zu nehmen. Diese Überprüfung beginnt mit einer genauen Besichtigung von Karosserie, Motorraum und Innenraum.

Führen Sie die Prüfung am besten bei gutem Wetter und viel Licht durch, sonst entgeht Ihnen die Hälfte. Das Fahrzeug sollte außerdem sauber und trocken sein. Nehmen Sie sich Zeit, und lassen Sie sich vom Verkäufer nicht unter Druck setzen.

Lassen Sie uns die Prüfung beginnen:

1.Die Räder

Fangen wir mit einer einfachen aber wichtigen Sache an: der Überprüfung aller Räder, einschließlich des Reserverades im Kofferraum.

Checken Sie dafür die folgenden Punkte anhand der Checkliste:

Sind auf allen Rädern die gleichen Reifen montiert?

Als erstes sollten Sie überprüfen, ob auf allen Rädern die gleichen Reifen montiert sind.

Die Reifenmarke steht immer auf der Seite der Reifen, bekannte Marken sind Dunlop, Goodyear oder Michelin.

Die Reifen sollten nicht nur alle die gleiche Marke haben, sondern an den jeweiligen Achsen auch die gleiche Reifengröße. Es kann bei sportlichen Fahrzeugen durchaus vorkommen, dass die Reifen an der Hinterachse breiter sind, als die an der Vorderachse.

Sind unterschiedliche Reifen montiert, bedeutet das nicht nur eine erhöhte Unfallgefahr, sondern es ist auch ein klares Indiz dafür, dass der Vorbesitzer an der Wartung erheblich gespart hat. Ein solcher Wagen wird mit großer Wahrscheinlichkeit sehr viele Mängel aufweisen, deshalb sollten Sie von einem Kauf lieber Abstand nehmen.

Das Alter der Reifen

Da Reifen aus Gummi bestehen, ist nicht nur die Profiltiefe, sondern auch das Alter der Reifen von entscheidender Bedeutung. Je älter ein Reifen ist, umso härter wird die Gummimischung

Die DOT Nummer (2404)

Überschreiten die Reifen nicht das Alter von 4 Jahren? (Dazu DOT-Nr. ansehen. (Beispiel: DOT-Nr. 2404 bedeutet: Herstellungsdatum 24. Kalenderwoche 2004)

Gilt das auch für das Ersatzrad?

Profiltiefe und Zustand der Reifen

Ist die Profiltiefe in Ordnung? Es sollten noch mindestens 4 mm vorhanden sein, anderenfalls können Sie bei schlechtem Wetter schnell ins Schleudern geraten.

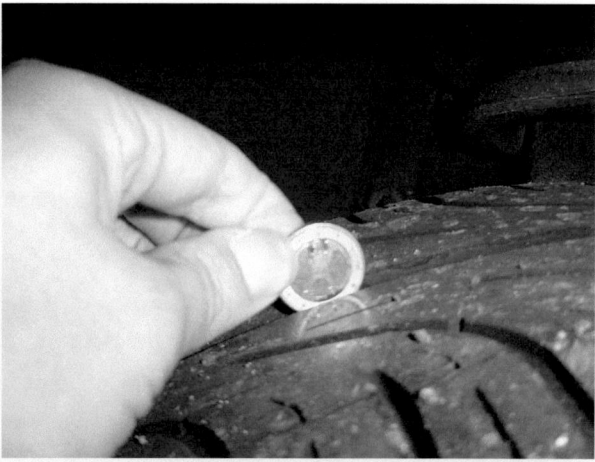

Münztest zur Bestimmung der Profiltiefe

Um die Profiltiefe zu messen, nehmen Sie einfach eine 2 Euro Münze, und stecken Sie diese in eine Rille in der Mitte des Reifens, wie auf dem Bild. Der goldene Rand sollte vom Profil komplett verdeckt sein.

Das Profil des Reifens auf dem Foto ist gerade eben ausreichend, dieser Reifen muss bald erneuert werden.

Ist auf den Reifen weniger als 4 mm Profil übrig, ziehen Sie 50% der Kosten für den Kauf von vier neuen Reifen vom Fahrzeugpreis ab (je nach Größe 50-150€ pro Reifen).

Es kann übrigens durchaus vorkommen, dass an den Antriebsrädern etwas weniger Profil ist, da diese Räder größeren Belastungen ausgesetzt sind.

Links und rechts sollte die Profiltiefe allerdings identisch sein, wenn die Reifen unregelmäßig abgefahren sind, oder an den Rändern ein Sägezahnmuster haben, kann das vielerlei bedeuten.

Am besten fragen Sie in dem Fall, ob es für den Wagen auch Winterräder gibt, und sehen sich diese an. Sind diese im Gegensatz zu den Originalrädern gleichmäßig abgefahren, handelt es sich um eine Unwucht, die eine Reifenwerkstatt für ein paar Euro ausgleichen kann.

Haben die Winterräder das gleiche Muster, wird es sich um ein größeres Problem mit dem Fahrwerk handeln, das selbst bei einem Kleinwagen leicht über 1000€ kosten kann. Ursache können Verschleiß oder aber auch ein schlecht reparierter Unfallschaden sein.

Wenden Sie sich mit dem Problem am besten an ein Markenforum im Internet, dort wird man Ihnen am besten weiterhelfen können.

Beschädigungen

Weist ein Reifen Beschädigungen wie Risse, Beulen oder Kratzer auf, muss er auf jeden Fall ausgetauscht werden. Besonders gefährlich sind Beulen an den Reifenflanken, weil ein solcher Reifen an dieser Stelle nicht mehr stabil ist und jederzeit platzen kann!

Ein Reifen mit Beule muss sofort ausgetauscht werden

Verlangen Sie entweder einen Ersatz beider Reifen auf der Achse (muss schriftlich im Kaufvertrag fixiert sein) oder ziehen Sie 50% des Kaufpreises für ein paar neue Reifen vom Kaufpreis ab.

Radlager

Können Sie die Räder beim aufgebockten Auto durch heftiges Ruckeln weit hin- und her bewegen? In diesem Fall sind die Radlager verschlissen und müssen erneuert werden.

Leichtmetallfelgen und Breitreifen

Falls auf dem Fahrzeug Leichtmetallfelgen montiert sind, die augenscheinlich nicht vom Hersteller des Fahrzeugs stammen. Überprüfen Sie folgendes:

Stimmen die Reifengrößen mit den Angaben in den Papieren überein?

Gibt es dafür eine Allgemeine Betriebserlaubnis (ABE)?

Stellen Sie sicher, dass die Felgen eine Allgemeine Betriebserlaubnis haben, oder ob sie vom TÜV in den Papieren eingetragen sind.

Wenn eine Allgemeine Betriebserlaubnis ausreicht, liegt sie den Fahrzeugpapieren bei? Gibt es hier Ungereimtheiten, verliert das gesamte Fahrzeug seine Betriebserlaubnis und damit den Versicherungsschutz. Finger weg!

Bremsen

Früher musste man für die Untersuchung der Bremsen oft das ganze Rad abmontieren. Moderne Leichtmetallfelgen sind aber oft so gestaltet, dass sie einem einen ungehinderten Blick auf die Bremsanlage erlauben, die bei manchen Herstellern, wie Porsche, sogar rot hervorgehoben wird.

Die wichtigsten Teile einer Bremse

Achten Sie besonders auf die folgenden Punkte:

- Sind die Bremsbeläge verschlissen? Sie sind ähnlich wie bei den Bremsen eines Fahrrads auf der Innenseite des Bremssattels montiert. Die Beläge müssen mindestens 5 mm dick sein, sonst verliert die Bremse bald ihre Wirkung.

- Wie sehen die Bremsscheiben aus? Sind dort tiefe Rillen oder ein starker Rand vorhanden? In dem Fall müssen die Bremsscheiben bald ausgetauscht werden, die Kosten liegen je nach Auto bei 150-350€ pro Achse.

- Die Bremsleitungen dürfen keine größeren Rostschäden haben, anderenfalls kommt das Fahrzeug nicht mehr durch den TÜV. Die Bremsleitungen müssen auf jeden Fall in einer Werkstatt instant gesetzt werden.

- Die Bremsschläuche müssen wie neu aussehen, sie dürfen auf keinen Fall porös oder brüchig sein.

Wundern Sie sich nicht, wenn die Bremsscheiben moderner Autos voller Löcher sind: sie sind dafür da, die Bremsen von Schmutz und Bremsstaub freizuhalten.

Es ist nicht weiter ungewöhnlich, wenn Rost oder Verschmutzungen nach längerer Standzeit auf den Bremsscheiben zu sehen sind, das tut der Bremswirkung keinen Abbruch.

2. Das Fahrwerk

Werfen Sie neben den Rädern auch einen genauen Blick auf das Fahrwerk, insbesondere auf die Radaufhängungen und Stoßdämpfer.

Stoßdämpfer und Feder bei einem 9 Jahre alten Gebrauchtwagen

Die Stoßdämpfer dienen dazu, das Auto auf der Straße zu halten. Ihre Wirkung lässt allerdings mit der Zeit langsam nach. Wenn sie nicht mehr richtig funktionieren, kann es passieren, dass Ihr Wagen selbst auf gerader Strecke ins Schleudern gerät und Sie im Straßengraben landen.

Deshalb sollten Stoßdämpfer nach maximal 100.000 km oder 8 Jahren ausgetauscht werden.

Die Stoßdämpfer dürfen nicht verölt sein, anderenfalls sollte man sie möglichst rasch ersetzen (500 bis 900€ bei 4 Rädern).

Machen Sie den Schwingtest

Drücken Sie den Wagen an einer Ecke kräftig hinunter und lassen sie los, die Karosserie sollte sofort zum Stillstand kommen und nicht lange nachschwingen.

Genauso wenig dürfen die Dämpfer dabei irgendwelche Geräusche machen. Wenn das Auto beim Schwingtest knarrt wie eine alte Matratze, ist das ein sicheres Zeichen für defekte Dämpfer.

Es ist nicht einfach, den Zustand eines Stoßdämpfers bei einem Gebrauchtwagencheck zuverlässig zu beurteilen. Das Beste ist, Sie fahren in eine Werkstatt und lassen dort die Dämpfer auf einem Prüfstand testen.

Prüfen Sie die Manschetten an Vorder- und Hinterachse auf Beschädigungen. Rissige Manschetten deuten auf einen bald nötigen Austausch hin.

Schauen Sie auch, ob es an der Feder, dem Stoßdämpfer oder der Aufhängung Rost gibt. Wenn ja: Finger weg!

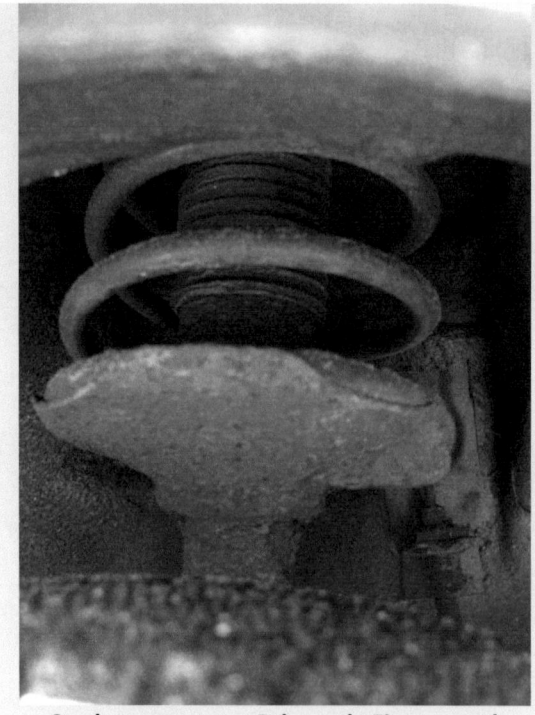

Stark angerostetes Fahrwerk: Finger weg!

Tipp: Ein genauer Blick in den Radkasten wird leider oft vom Rad selber verwehrt. Es schadet nicht, evtl. ein Rad abzumontieren, um einen genauen Blick darauf zu werfen. Genauso können Sie auch eine Digitalkamera mit Blitzlicht nehmen, diese in den Radkasten halten und blind einige Fotos schießen. Anschließend Schauen Sie sich die Bilder auf dem Monitor an, die schlimmsten Rostnester sind so ganz gut zu sehen.

3. Prüfen Sie die Karosserie

Schauen Sie sich die Karosserie Ihres Wunschgebrauchten genau an. Sie sollte auf jeden Fall sauber und trocken sein. Ist die Karosserie nass oder gar vereist, verschieben Sie den Besichtigungstermin, das gleiche gilt bei Dunkelheit. Zu leicht übersieht man Kratzer und Lackausbesserungen, wenn auf dem Wagen eine Eisschicht ist.

Hat das Fahrzeug irgendwelche Dellen oder größere Kratzer?

Wurden manche Stellen dilettantisch mit einem Lackstift ausgebessert?

Gibt es gar Zeichen von Rost?

Auch wenn die meisten modernen Autos ab ca. 1985 sehr gut vor Korrosion geschützt sind, kann trotzdem an verschiedenen Stellen der Karosserie Rost auftreten. Hierbei ist immer besondere Skepsis angebracht, denn Rost kann oft das Zeichen für einen schlecht reparierten Unfallschaden sein.

Rost kann man entweder direkt als mattbraune Schicht auf dem glänzenden Lack oder aber als Bläschen unter dem Lack finden.

Hier ist eine Übersicht typischer Roststellen:

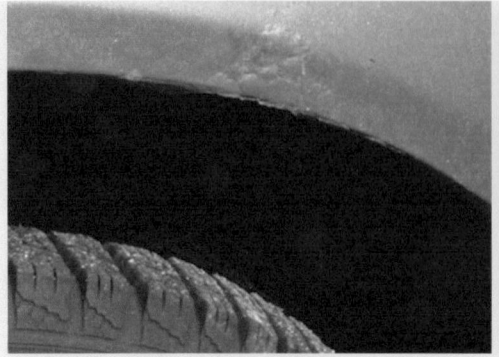

Rost am Radlauf

Rost am Schloss des Heckdeckels

Dieser Fiat mit massivem Rost am Schweller gehört in die Presse!

Hier wurde versucht, Rost mit Spachtelmasse zu kaschieren.

Radlaufchrom – darunter lauert häufig jede Menge Rost!

Hier ist aus einem kleinen Parkrempler ein schlimmes Rostnest geworden.

Schauen sie sich ausgehend von der Fahrertür die folgenden Stellen genau an:

- Türen, besonders an den Rändern und den unteren Kanten. Schauen Sie auch unter das Türgummi, manche Autos wie die frühere Mercedes E-Klasse sind an dieser Stelle sehr rostanfällig.

- Scheibenrahmen, hier gibt es bei älteren Autos unter dem Gummi oft wahre Rostnester. Achten Sie auch auf die Scheibengummis: sie sollten nicht porös sein. Ersatz kostet rund 25€ pro Tür.

- Kotflügel, schauen Sie besonders an den Rändern und mit Spiegel und Taschenlampe unter den Radlauf.

- Vorsicht bei Autos mit Chromblenden, hier lauert fast immer versteckter Rost. Ein neuer Kotflügel samt Einbau und Lackierung kostet mindestens 400-800€.

- Radhäuser: Leuchten Sie mit der Taschenlampe die gesamten Radhäuser aus und schauen Sie nach Roststellen.

- Seitenschweller, fahren Sie mit dem Spiegel am unteren Rand entlang. Ist hier Rost, sollten Sie allein aus Sicherheitsgründen die Finger von dem Auto lassen.

- Fehlen irgendwelche Anbauteile? Es kommt immer häufiger vor, dass Diebe, Anbauteile wie Blinker, Scheinwerferreinigungsanlagen, Antennen, GPS Mäuse stehlen und weiterverkaufen.

- Ist der Lack in Ordnung, oder ist er matt und abgenutzt? Eine kleine Politur kann Wunder bewirken, besonders bei roten Autos. (200€)

- Das Schiebedach, bei billigen Autos (<1000€) bedeutet Rost am Schiebedach oft einen wirtschaftlichen Totalschaden (500-1000€).

Tipp: Testen Sie den Lack mit einem Magneten

Fast alle Autos haben heutzutage Stahlblechkarosserien, von wenigen Ausnahmen, wie der Chevrolet Corvette oder dem Audi A2 oder A8 abgesehen, die aus Fiberglas bzw. Aluminium bestehen.

Nehmen Sie einen kleinen Magneten und setzen Sie ihn vorsichtig auf verschiedenen Stellen der Karosserie. Fällt er an manchen Ecken ab, hatte der Wagen an der Stelle einen Karosserieschaden, der nicht wirklich sachgerecht repariert wurde.

Noch besser ist natürlich ein entsprechendes Gerät für die Messung der Dicke der Lackschicht.

Auspuff

Ein Auspuff muss bei den meisten Fahrzeugen nach spätestens 100.000km gewechselt werden.

Schauen Sie, ob am Auspuff irgendwo Rostflecken sind, besonders an den Auspufftöpfen am Wagenboden. Wenn Sie nicht unter den Wagen gucken können, sehen Sie sich zumindest das Endrohr gut an: wenn sich hier schon der Rost blättert, können Sie davon ausgehen, dass der Rest der Anlage auch nicht viel besser aussieht.

Besonders bei Kleinwagen, die nur Kurzstrecken fahren, gibt es oft Rost am Auspuff. Der Grund dafür liegt darin, dass sich im Auspuff immer Kondenswasser bildet, der Auspuff bei kurzer Stadtfahrt aber nicht heiß genug wird, um das Kondenswasser verdunsten zu lassen.

Dieser Auspuff ist in Ordnung.

An diesem Exemplar blättert der Rost ab, vermutlich wird er nicht mehr durch den TÜV kommen.

Dieser Auspuff ist total verrostet und muss schleunigst ersetzt werden.

Tuning

Ist ihr Wunschauto tiefergelegt? Sind Frontspoiler, Heckspoiler oder Seitenschweller montiert, die es ab Werk nicht gibt? Sind die vorderen Seitenscheiben oder die Frontscheibe stark getönt?

Bei allem nicht serienmäßig verbauten Zubehör ist es enorm wichtig, dass dafür eine Allgemeine Betriebserlaubnis vorliegt und die Teile entsprechend eingetragen sind. Sollte dies nicht der Fall sein, erlischt automatisch die Betriebserlaubnis für das gesamte Auto. Ihr Auto könnte nicht nur von der Polizei stillgelegt werden, es erlischt auch der Versicherungsschutz.

Das gilt übrigens auch, wenn Felgen montiert sind, die nicht für das Auto geeignet sind.

| Diesen Spoiler gab es tatsächlich bei Audi als Sonderausstattung. | Diese schwarzen Heckleuchten sind dagegen nachträglich eingebaut worden, eine ABE muss vorhanden sein. |

Ein Blick von Unten

Wenn möglich, lassen Sie das Auto in der Werkstatt auf die Hebebühne stellen und sehen Sie sich den Unterboden genau an:

- Fallen Ihnen Roststellen auf? Der Boden sollte vollständig Rostfrei sein, anderenfalls gibt es Ärger mit dem TÜV -> Finger weg!

- Gibt es irgendwelche Stellen, die irgendwie verbeult sind, wo Schrauben irgendwie schief ins Blech gepfriemelt wurden, wo es irgendwie vergammelt aussieht? Finger weg – hier liegt ein schwerer Unfallschaden vor!

- Sind Motor, Getriebe oder Differential von unten verölt?

- Hängen irgendwo Öltropfen am Boden?

  Dann müssten Sie den Wagen einmal sehr genau untersuchen. Ölverlust hat meist eine der folgenden Ursachen:

  - Defekte Zylinderkopfdichtung (ca. 300€)
  - Poröse Ölwannendichtung (ca. 200-600€)
  - Defekte Ventildichtung (ca. 100€)
  - Sonstiger defekter Dichtungsring, z.B. vom Ölmessstab

- Vorsicht bei Autos mit Anhängerkupplung: Wurden oft schwere Lasten gezogen, kann die Karosserie weich geworden sein. Ein derartiges Problem zeigt sich in schnellen Kurven durch Knarzen und Knacken.

Tipp: Kaufen Sie **NIE NIE NIE** ein Auto, ohne es sich vorher in einer Werkstatt von unten angesehen zu haben! Sogar wenn ein Auto optisch tip-top aussieht, kann es trotzdem einen schweren Unfallschaden haben, den man nur von unten sehen kann. Und wenn Sie ein Auto von privat kaufen: Fahren Sie kurz zu einer Tankstelle mit Hebebühne, es ist den Aufwand wirklich wert.

4. Außerdem sollten Sie prüfen

Darüber hinaus sollten Sie bei einem Gebrauchtwagen noch die folgenden Bereiche überprüfen:

Scheibenwischer

Überprüfen Sie Scheibenwischerblätter: sind sie rissig oder spröde? Ziehen sie Schlieren, wenn Sie die Scheibenwasch-Einrichtung betätigen? Dann wird es höchste Zeit für neue Wischer (20-30€ pro Paar).

Vergessen Sie bei Kombis und Kompaktwagen nicht, auch die hinteren Scheibenwischer zu prüfen.

Frontscheibe

Betrachten Sie die Frontscheibe, am besten bei Abendsonne im Gegenlicht: haben Sie klare Sicht, oder sehen Sie lauter kleine Kratzer? Auch wenn eine beschädigte Frontscheibe oft von der Teilkaskoversicherung übernommen wird, sollten Sie, falls die Scheibe stark beschädigt ist, die Kosten für eine neue vom Kaufpreis abziehen (300-1000€).

Beleuchtung

Überprüfen Sie die Beleuchtungseinrichtungen. Funktionieren alle Lampen? Wenn nicht, ist entweder die Lampe kaputt, oder es liegt ein Defekt in der Elektrik vor.

Auch ein weniger beschädigter Scheinwerfer muss auf jeden Fall erneuert werden. Auch mit Wasser im Scheinwerfer werden Sie Probleme mit dem TÜV bekommen oder Ihre Fahrzeugelektrik schädigen.

Betrachten Sie die Scheinwerfer ganz genau: sind sie von innen beschlagen oder bilden sich Wassertropfen von innen auf der Scheibe? Gibt es Kratzer oder Beschädigungen?

Dann müssen die Lampen bald ausgetauscht oder die Dichtungen erneuert werden.

Tank

Ein einfacher Test, an den aber fast keiner denkt: Öffnen Sie den Tankdeckel!

Auch den Tank sollten Sie sich ansehen

Sollte nach dem Öffnen ein Geräusch auftreten, das sich anhört wie ein Atemzug von Darth Vader persönlich, ist das ein Anzeichen dafür, dass ein zu großer Unterdruck im Tank entsteht und der Tank sich dabei verformt hat.

Ursache dafür ist eine mangelnde Be-/Entlüftung, die durch einen verstopften Aktivkohlefilter verursacht worden sein kann. Wenn Sie Pech haben, kann der Tank einen Haarriss bekommen haben oder gar implodieren, schlimmstenfalls kann das Fahrzeug in Brand geraten. Finger weg oder auf einen Austausch des Tanks bestehen (ca. 1200€).

B. Der Motorraum

Nun sollten Sie sich den Motorraum vornehmen. Um sich dort orientieren zu können, lassen Sie sich von dem Verkäufer helfen oder schauen sie in die Betriebsanleitung des Fahrzeugs.

1. Der Gesamteindruck

Schauen Sie sich den Motor in Ruhe an, zögern Sie auch nicht, ihn einmal anzufassen (Vorsicht bei heißem Motor!).

Es ist normal, wenn der gesamte Motor von einer dünnen trockenen Schmutzschicht überzogen ist.

Der Motor darf nicht verölt sein. Typische Stellen sind die Zylinderkopf- und Ventildeckeldichtung sowie die Ölwannendichtung. Achten Sie auch darauf, dass die Motorunterseite trocken ist.

Ein blitzblank polierter Motor sollte Sie misstrauisch machen. Hier soll etwas verborgen werden, wie zum Beispiel ein massiver Ölverlust.

Genauso ist es nicht normal, wenn der gesamte Motorraum voller Schlammspritzer ist, dieses Auto wurde vermutlich viel im Gelänge bewegt und dabei wenig gepflegt.

Schauen Sie sich die Kabel im Motorraum an: sind sie porös und mit viel buntem Isolierband geflickt, ist das ein guter Grund, den Wagen nicht zu kaufen.

2. Das Motoröl

Das Motoröl sorgt dafür, dass alle beweglichen Teile im Motor gut geschmiert sind und nicht aneinander reiben. Da es mit fast allen Teilen des Motors in Berührung kommt, kann uns das Motoröl manchmal interessante Informationen über den Zustand des Motors geben.

Es ist wichtig, dass ausreichend Motoröl vorhanden ist und es regelmäßig gewechselt wird, denn sonst verliert es seine schmierende Wirkung, der Verschleiß am Motor erhöht sich und kann im schlimmsten Fall mit einem Motorschaden enden.

Wann war der letzte Ölwechsel?

Das Öl sollte alle 10.000-15.000 km gewechselt werden. Die Information darüber, wann der letzte Ölwechsel stattfand, finden Sie im Serviceheft, meist hängt auch ein Zettel mit dem Datum des letzten Ölwechsels und der Ölsorte im Motorraum.

Zettel mit den Daten des letzten Ölwechsels

Überprüfen Sie den Ölstand

Der Ölstand lässt sich sehr einfach kontrollieren. Falls Sie das noch nie gemacht haben, hier eine kurze Anleitung:

Es ist zunächst einmal wichtig, dass Sie den Ölstand erst dann messen, wenn der Wagen eine Weile gestanden hat, anderenfalls befindet sich noch zu viel Öl im Motorraum das erst einmal in die Ölwanne abtropfen muss.

Nehmen Sie ein Papiertaschentuch. Suchen Sie nach dem Ölmessstab und ziehen Sie ihn heraus. Wischen Sie das Öl ab und stecken Sie den Ölmessstab wieder herein.

Dann ziehen Sie den Messstab wieder heraus und schauen nach, bis zu welcher Markierung Öl am Stab klebt.

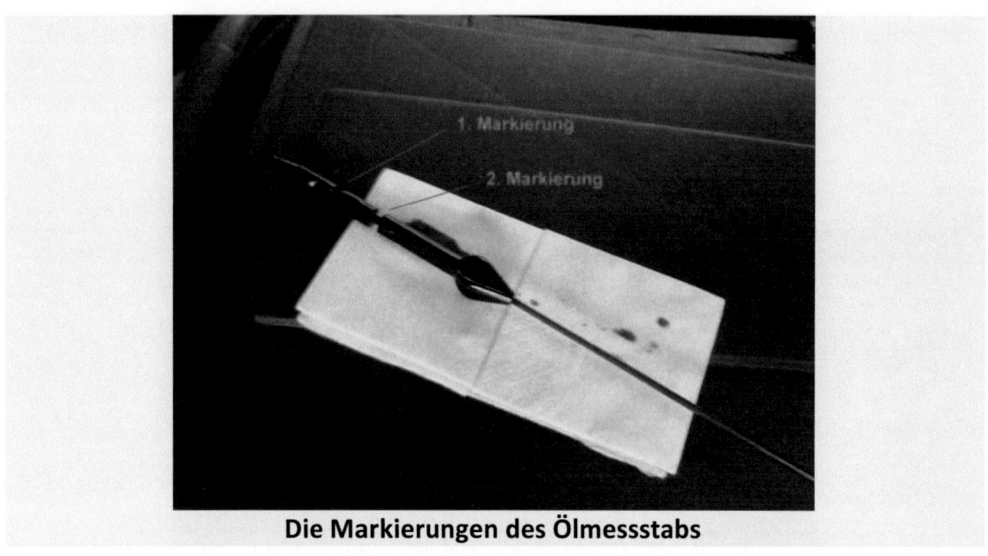

Die Markierungen des Ölmessstabs

Idealerweise sollte das Öl bis zur Mitte der beiden Markierungen gehen. Ist zu wenig Öl vorhanden, lassen Sie das Auto 5 Minuten stehen und messen dann erneut. Ist immer noch zu wenig Öl drinnen, gibt es drei Möglichkeiten:

1. Es wurde beim letzten Ölwechsel zu wenig Öl eingeführt.
2. Das Auto verliert Öl.
3. Das Auto verbrennt Öl.

Mit großer Wahrscheinlichkeit ist einer der letzten beiden Punkte der Fall, in beiden Fällen sollten Sie sich lieber ein anderes Auto suchen, denn mit Ölverlust ist nicht zu Spaßen.

Genauso vorsichtig sollten Sie sein, wenn der Ölstand deutlich über die 2. Markierung hinausgeht: Ein Zuviel an Öl wird vom Motor verbrannt und kann dabei den Katalysator beschädigen oder im schlimmsten Fall einen Motorschaden verursachen.

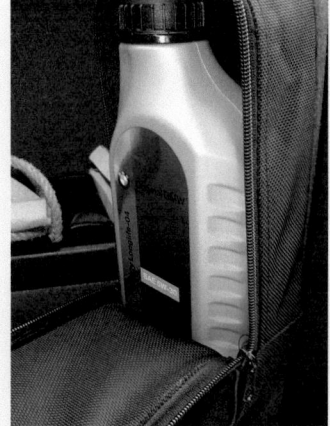

Öl-Dose im Kofferraum? Hier ist Skepsis angebracht!

Werfen Sie übrigens auch einen Blick in den Kofferraum: liegen dort Ölflaschen herum? Wenn ja, ist das ein sicheres Zeichen dafür, dass mit dem Motor etwas nicht stimmt.

Wie sieht das Öl aus?

Ist genügend Öl vorhanden, werfen Sie einen genauen Blick auf das Öl:

- Sind glitzernde Metallteile am Peilstab zu sehen? Wenn ja, könnte das auf ein verschlissenes Kurbelwellenlager oder einen anderen teuren Defekt hindeuten. Finger weg!

- Riecht das Öl nach Benzin? In diesem Falle ist der Wagen entweder oft nicht warm gefahren worden, ein Defekt der Ventilschaftdichtungen oder der Kolbenringe ist wahrscheinlich.

Öffnen Sie als letztes den Öleinfülldeckel. Treten Gase aus, können die Kolbenringe verschlissen sein. Finger weg!

71

Sind auf dem Parkplatz Ölflecken unter dem Auto?

Tipp: Schauen Sie sich den Parkplatz des Autos genauer an: sind dort schimmernde Ölflecken zu sehen? Wenn ja, ist auch dies ein klares Indiz für einen Ölverlust am Fahrzeug.

Die Ölanalyse beim Profi

Wenn Sie einen relativ teuren Gebrauchtwagen kaufen wollen, wie zum Beispiel einen Porsche oder Ferrari, bei dem die Behebung eines kleinen Schadens leicht in die Tausende geht, macht es Sinn, eine Ölanalyse bei einem Profi machen zu lassen.

Solche Ölanalysen werden beispielsweise von http://www.krausmotor.de/ oder http://www.wearcheck.de/ angeboten.

Um die Analyse durchzuführen, wird eine Probe des Motoröls entnommen und an ein Labor geschickt.

Das Öl wird dort auf seine Inhaltsstoffe untersucht und über die Menge der enthaltenen Metallteilchen auf den Zustand des Motors geschlossen.

Wichtig ist dafür nur, zu wissen, wie lange das Öl im Motor war, wann also der letzte Ölwechsel stattgefunden hat.

Allerdings muss man sich hierbei auf Angaben des Verkäufers verlassen, wenn kein entsprechender Zettel mit Angaben über den letzten Wechseltermin im Motorraum hängt und auch kein Scheckhefteintrag vorliegt.

3. Der Kühler

Der Kühler dient dazu, ein Überhitzen der Kühlflüssigkeit zu verhindern. In den meisten modernen Autos ist dafür ein Wasserkühler montiert, d.h. es gibt einen komplexen Kühlwasserkreislauf, der die Motorwärme ableitet.

Natürlich funktioniert die Motorkühlung nur dann zuverlässig, wenn das System dicht ist und die Wasserpumpe den Kühlwasserkreislauf in Schwung hält. Ist dies nicht der Fall, kann sich der Motor leicht überhitzen, und Sie stehen am Straßenrand.

Kühlerprüfung

Prüfen Sie den Kühler und alle dazugehörigen Schläuche. Ist der Kühler dicht oder sind Lamellen beschädigt? Kalkspuren sind ein guter Hinweis auf Undichtigkeiten im System.

Machen Sie den „Drucktest"

Drücken Sie den Schlauch bei kaltem Motor leicht zusammen und beobachten Sie die Oberfläche.

Drucktest am Kühlerschlauch – hier darf nichts porös sein

Weist sie feine Risse auf, wird der Schlauch vermutlich nicht mehr lange halten, im schlimmsten Fall verliert das Auto unbemerkt sein Kühlwasser und der Motorschaden ist vorprogrammiert.

Kühlflüssigkeit

Die meisten Motoren haben kein Kühlwasser mehr, sondern stattdessen eine bestimmte Kühlflüssigkeit, welche die Wärme besser leitet als Wasser.

Machen Sie bei kaltem Motor den Behälter vom Kühlwasserausgleichsbehälter auf und sehen Sie sich die Kühlflüssigkeit an.

Sie ist je nach Fabrikat entweder grün oder braun und darf auf keinen Fall ölig oder rostig sein. Achten Sie darauf, dass die Kühlflüssigkeit im Winter ein Frostschutzmittel enthält.

Bei laufendem Motor dürfen keine Luftblasen aufsteigen, es darf auch kein Ölfilm im Vorratsbehälter schwimmen. In diesen beiden Fällen wäre die Zylinderkopfdichtung beschädigt und müsste erneuert werden.

Tipp: Finden Sie im Vorratsbehälter schmierige und klebrige Rückstände, so könnte ein Dichtungsmittel verwendet worden sein, um kurzfristig Undichtigkeiten im Kühler zu überdecken. Finger weg!

4. Die Bremsflüssigkeit

Die Bremsflüssigkeit leitet den Druck vom Bremspedal zur Bremse weiter.

Stellen Sie fest, wann die Bremsflüssigkeit das letzte Mal gewechselt worden ist.

Meist kann man den letzten Tausch an Hand eines kleinen Zettels am Hauptbremszylinder oder Bremskraftverstärker oder von Einträgen im Scheckheft nachvollziehen.

Bremsflüssigkeit sollte spätestens nach zwei Jahren gewechselt werden, weil sie mit der Zeit Wasser zieht und die Bremswirkung damit erheblich nachlässt.

5. Die Batterie

Kontrollieren Sie abschließend die Batterie. Die Pole sollten zum Schutz vor Korrosion gut gefettet sein, das Batteriegehäuse sollte keine Risse haben.

Das Alter der Batterie können Sie an Hand des in einen Pol eingeschlagenen Erstladedatums feststellen.

Heben Sie die Batterie kurz an und sehen Sie sich das Blech an, auf dem die Batterie steht. Diese Stelle ist extrem rostgefährdet, weil eventuell ausgelaufene Batteriesäure das Blech zerfressen haben könnte.

C. Der Kofferraum

Kurz bevor es an den Innenraum geht, sollten Sie noch schnell den Kofferraum begutachten.

Ein vorbildlich aufgeräumter Kofferraum

Heben Sie den Teppich an und schauen Sie in die Reserveradmulde. Befinden sich hier Wasser oder Wasserränder, kann das viele Ursachen haben. Angefangen von einem schlecht schließenden Kofferraum über ausgelaufene Wischwasserbehälter bis hin zu Durchrostung. Versuchen Sie festzustellen, wo das Wasser herkommt.

Überprüfen Sie auch, ob das Bordwerkzeug vollständig ist. So vermeiden Sie, dass Sie bei einer Reifenpanne beispielsweise vor dem Problem stehen, dass Ihnen das Felgenschloss fehlt.

Ölflaschen im Kofferraum deuten darauf hin, dass das Auto entweder Öl verliert oder Öl verbrennt, beides kann teure Reparaturen nach sich ziehen.

D. Der Innenraum

Herzlichen Glückwunsch! Jetzt haben Sie den ersten Schritt hinter sich gebracht und das Auto hoffentlich für gut befunden.

Nun können Sie sich auf den Innenraum stürzen und sich mit der Ausstattung auseinandersetzen.

Probieren Sie alles (und zwar wirklich alles!) aus, angefangen von der Sitzverstellung über die Fensterheber bis zum Radio. Prüfen Sie die Innenbeleuchtung, alle elektrischen Verstellmöglichkeiten und alle beweglichen Teile.

Einige Dinge, wie z.B. eine Klimaanlage, werden Sie nur bei laufendem Motor sinnvoll prüfen können, aber alles andere sollte im Stand gecheckt werden.

Schreiben Sie sich Defekte auf und bringen Sie sie später in die Verhandlungen mit ein. Irgendetwas findet man immer!

Prüfen Sie folgende Punkte:

- Lassen sich die **Sitze** noch in alle Positionen verstellen?

- Sind **Schonbezüge** auf den Sitzen, nehmen Sie diese herunter und sehen sich den Zustand der echten Bezüge an. Sind die Bezüge übermäßig verschlissen, denken Sie an die Möglichkeit des Kilometerbetrugs.

- Schauen Sie unter die **Teppiche**, ob es dort Wasserspuren gibt.

76

- Prüfen Sie die **Sicherheitsgurte**. Sie dürfen keine Verletzungen wie etwa Scheuerstellen haben. Sind sie zudem schwergängig, sollte der Preis für Ersatz direkt vom Fahrzeugpreis abgezogen werden. Auch wenn die Gurte stark verschmutzt oder an den Kanten abgeschabt sind sollten sie erneuert werden.

- **Von innen beschlagene Scheiben** sind ein klares Zeichen für Wasser im Auto. Schauen Sie unter alle Teppiche und versuchen Sie, herauszufinden, woher das Wasser kommt.

  Es kann sich um einen beschädigten Heizungskühler handeln, der meist im Mitteldom hinter dem Radio verbaut ist. Ein solcher Defekt ist relativ einfach zu beseitigen, ein durchgerosteter Unterboden oder Seitenschweller ist ein K.O.-Kriterium.

- Untersuchen Sie das **Verbandsmaterial**: in den meisten Fällen ist es abgelaufen (20€).

- Sind irgendwelche **Halterungen** eingebaut, z.B. für Navi oder Telefon, die Sie nicht benötigen? Runterhandeln.

- Achten Sie auf **Beschädigungen im Armaturenbrett**, wie Risse oder Bohrlöcher von Telefonhalterungen. Diese Schäden sind recht preiswert zu beheben, aber ein guter Grund, den Kaufpreis runterzuhandeln.

- **Pixelfehler** – Achten Sie darauf, ob bei modernen Fahrzeugen, die LCD Displays zur Anzeige von Einstellungen, Kilometerständen und Fehlermeldungen nutzen, diese auch klar abzulesen sind, oder ob das Display teilweise unleserlich ist.

- **Lenkrad** – Wenn das Fahrzeug serienmäßig einen Airbag hat, aber ein anderes Lenkrad eingebaut ist, überprüfen Sie, ob das Lenkrad in den Fahrzeugpapieren eingetragen ist.

Finden Sie z.B. im Handschuhfach Bastel- oder Reparaturanleitungen, wird der Verkäufer selbst an dem Auto geschraubt haben. Fragen Sie Ihn, woran er geschraubt hat und warum das nicht in einer Werkstatt erledigt wurde.

Bei sicherheitsrelevanten Komponenten wie Bremsen, Fahrwerk und Lenkung lassen Sie einen Fachmann die Arbeiten überprüfen.

Tipp: Schauen Sie sich alle Airbags ganz genau an. Die Nähte müssen glatt und durchgehend sein, es darf hier keine Beschädigungen geben.

Werden die Ränder der Airbags gar mit Klebeband zusammengehalten: Finger weg! Das Auto hat garantiert einen schweren Unfall gehabt, bei dem die Airbags ausgelöst wurden sind.

E. Besonderheiten bei Cabrios

Wenn Sie ein Cabrio kaufen, müssen Sie noch einige zusätzliche Punkte beachten.

Da ein Cabrio kein festes Dach hat, ist die Karosserie insgesamt weniger stabil als bei einer Limousine. Besonders entscheidend für die Sicherheit sind deswegen die A-Säule (die Säule an der die Windschutzscheibe sitzt) und der Überrollbügel (falls vorhanden). An beiden Stellen darf nicht das kleinste bisschen Rost sitzen. Dies gilt besonders für ältere Cabrios.

Öffnen und schließen Sie mehrmals das Verdeck, es muss ohne Knarren und Knacken ordentlich schließen.

Untersuchen Sie das Verdeck auf Risse, Löcher oder sonstige Schäden, es schadet auch nicht, einmal mit der Gießkanne die Dichtigkeit zu testen. Ein neues Verdeck kann leicht einige tausend Euro kosten.

Besondere Aufmerksamkeit sollten Sie dem Innenraum widmen: ist das Auto schon einmal voll geregnet? Müffelt es im Auto bei geschlossenem Verdeck? Könnte sich irgendwo unter den Teppichen eine Wasserlache gebildet haben, unter der das Auto munter vor sich hin rostet?

10. Probefahren wie ein Profi

Sie sollten niemals ein Auto ohne Probefahrt kaufen. Verweigert Ihnen der Verkäufer die Probefahrt, hat er mit Sicherheit etwas zu verbergen.

Lesen Sie nun, worauf es bei einer Probefahrt wirklich ankommt.

Am besten ist, Sie drucken sich die entsprechende Checkliste im Anhang aus und nehmen einen Bekannten mit, der diese Punkt für Punkt abhakt, schließlich müssen Sie beim Fahren auch auf den Verkehr achten.

Je größer und teurer das Auto, umso länger sollte die Probefahrt dauern. Es gibt Defekte, die erst nach einer Stunde Fahrt auftreten. Generell sollte die Probefahrt mindestens ein oder zwei Stunden dauern, eine kurze Runde um den Häuserblock reicht definitiv nicht aus.

Die Wahl der idealen Route

Die Route für eine Probefahrt sollte sorgfältig gewählt sein: Es empfiehlt sich, eine gute Mischung aus Stadtverkehr, Autobahn und Landstraße zu wählen.

Idealerweise ist die Strecke Ihnen entweder gut bekannt, oder sie führt über Straßen mit geringem Verkehr, damit Sie sich besser auf das Auto konzentrieren können. Wenn möglich, sollten bei der Probefahrtroute sowohl einige hügelige Abschnitte, als auch Abschnitte mit extrem schlechter Fahrbahnoberfläche dabei sein.

Falls Sie die Probefahrt allein in einer fremden Stadt machen, fragen Sie den Verkäufer nach einem Stadtplan.

Besonderheiten beim Privatverkauf

Falls es sich um einen Privatverkauf handelt, achten Sie zunächst auf folgende Punkte:

- Lassen Sie sich als erstes die Fahrzeugpapiere zeigen und klären Sie, wie das Fahrzeug versichert ist. Ist das Fahrzeug von einem Händler, können Sie dagegen davon ausgehen, dass es vollkaskoversichert ist.

- Achten Sie darauf, dass TÜV und AU noch gültig sind. Wenn nicht, verzichten Sie auf die Probefahrt, anderenfalls riskieren Sie ein Bußgeld.

- Lassen Sie erst den Verkäufer fahren, achten Sie auf seinen Fahrstil.

- Falls der Verkäufer nicht der Eigentümer des Fahrzeugs sein sollte, lassen Sie sich eine schriftliche Verkaufsvollmacht geben.

1. Vor der Probefahrt

Vor Beginn der Probefahrt sollte der Motor kalt sein, ist er vom Vorbesitzer vorher warm gefahren worden ist Skepsis angebracht: es könnte sein, dass man einen Mangel vor Ihnen verbergen will.

Achten Sie auch auf folgende Punkte:

Benzin

Vergewissern Sie sich, dass genug Benzin im Tank ist. Falls Sie nachtanken müssen, lassen Sie sich die Quittung geben, manche Händler werden Ihnen die Spritkosten erstatten.

Die vorgeschriebene Spritsorte steht meist auf dem Tankdeckel, im Zweifelsfall tanken Sie immer am besten Super oder Super Plus nach.

Falls Sie nachtanken müssen: die richtige Spritsorte steht entweder auf der Innenseite der Tankklappe oder an der Fahrertür. Tanken Sie im Zweifel lieber Super als E10.

Reifen

Vergewissern Sie sich über den Zustand der Reifen. Sind diese total abgefahren und das Wetter schlecht, sollte man auf eine Probefahrt vorerst verzichten.

Beleuchtung

Prüfen Sie die Beleuchtung, wenn Sie das bei der ersten Besichtigung noch nicht getan haben. Anderenfalls riskieren Sie eine Verwarnung von der Polizei.

Lenkradspiel

Überprüfen Sie das Lenkradspiel. Machen Sie dazu das Fenster auf und stellen Sie sich neben das Fahrzeug. Achten Sie darauf, dass die Vorderräder gerade sind. Reichen Sie nun mit der Hand durchs Fenster und bewegen Sie das Lenkrad. Es darf sich um maximal 2 Fingerbreit bewegen lassen, ohne dass sich die Räder mitbewegen, anderenfalls ist das Lenkgetriebe verschlissen.

Radio und Lüftung

Nachdem Sie das Radio ausprobiert haben, schalten Sie es aus, um Klapper- oder Schleifgeräusche besser erkennen zu können. Lassen Sie ebenfalls die Lüftung vorerst ausgeschaltet, testen Sie sie dafür später bei der Probefahrt.

Verbrauchsrechner

Hat das Fahrzeug einen Verbrauchsrechner, merken Sie sich den Wert, er könnte Aufschluss auf den tatsächlichen Benzinverbrauch und die Fahrweise des Vorbesitzers geben.

Extrem hohe Verbrauchwerte sind kein Grund zur Beunruhigung, sie deuten nur darauf hin, dass das Auto eine Zeitlang nur auf dem Parkplatz rangiert wurde.

Führen Sie wenn möglich einen Reset durch, um Ihren eigenen Verbrauch festzustellen.

2. Vorm Losfahren

Lassen Sie den Motor an. Er muss sofort beim ersten Versuch anspringen. Nach einem anfänglichen Hochdrehen sollte sich die Leerlaufdrehzahl langsam auf einen gleichmäßig niedrigen Wert einpendeln, der normalerweise je nach Motor zwischen etwa 500 und 1000 Umdrehungen pro Minute liegt.

Achten Sie auf Warnanzeigen

Achten Sie beim Anlassen auf aufflackernde Symbole im Armaturenbrett.

Eine Airbag- oder ABS-Leuchte, die nicht nach einigen Sekunden erlischt, deutet auf einen Fehler hin.

Wird ein niedriger Ölstand, niedriger Öldruck oder ein Motorsymbol angezeigt? In diesen Fällen sollten Sie lieber einen Fachmann einen Blick auf den Motor werfen lassen.

Die Warnleuchte zeigt: ein Rücklicht ist defekt

Schauen Sie sich den Motor an

Achten Sie nun zuerst auf das Herz des Autos: den Motor. Gibt er beim Kaltstart klappernde oder tackernde Geräusche für länger als einige Sekunden von sich, sind die Hydrostößel verschlissen und müssen erneuert werden.

Lassen Sie den Motor kurz im Leerlauf laufen. Schüttelt sich der Motor oder läuft unruhig? Das kann mehrere Ursachen haben, von einer defekten Zündkerze bis zu einer kaputten Einspritzanlage.

Abgasanlage

Wenn der Motor einigermaßen warm geworden ist, steigen Sie aus und schauen Sie sich die Abgase an: Ist der Rauch stark weiß, blau oder tiefschwarz? Weißer Rauch (Wasserdampf) oder blauer Rauch (Ölverbrennung) deuten auf eine defekte Zylinderkopfdichtung hin, tiefschwarzer auf einen zu hohen Kraftstoffverbrauch.

Treten Sie sanft ein wenig aufs Gas und drehen Sie den Motor einmal kurz im Leerlauf hoch. Ertönt dabei ein Rasseln aus dem unteren Bereich des Fahrzeugs, ist der Kat defekt (500-1000€ pro Kat).

3. Während der Fahrt

Fahren Sie nun los. Der Motor sollte stets gleichmäßig und sauber laufen. Machen Sie das Radio aus und horchen Sie, ob Sie irgendwelche merkwürdigen Geräusche hören.

Beobachten Sie das Ansteigen der Motortemperatur, die Anzeige sollte langsam in den mittleren Bereich wandern und dort bleiben.

Fangen Sie erst auf freier Strecke an, stark zu beschleunigen, damit Sie nicht durch die Leistung des Autos überrascht werden. Gibt der Motor dabei metallische Geräusche von sich, könnte die Nockenwelle oder die Steuerkette beschädigt sein.

Fahren Sie den Wagen so, wie Sie es normalerweise tun würden. Falls Sie den Fahrzeugtyp nicht kennen und oft auf der Autobahn unterwegs sind, prüfen Sie ob die Fahrleistungen Ihren Erwartungen entsprechen.

Wenn Sie plötzlich das Gas wegnehmen, darf es nicht laut knallen, da in diesem Fall unverbranntes Gemisch in den Auspuff gelangt und dort explosionsartig verbrennt. Auch bei solchen Problemen sollte ein Fachmann zu Rate gezogen werden, da die Ursachen von einer Lappalie bis zu einem teuren Schaden reichlich sein können.

Tipp: Auch wenn dies normalerweise nicht sinnvoll ist, schadet es bei der Probefahrt nicht, im Stadtverkehr mit warm gefahrenem Motor ein paar Mal mit Vollgas von Ampel zu Ampel zu sprinten. Diese Übung ist eine starke Belastung für Motor und Kühlsystem, trotzdem muss die Kühlwassernadel im neutralen Bereich bleiben, anderenfalls liegt ein Defekt im Kühlsystem vor.

Prüfen Sie auch Heizung und Gebläse. Stinkt die Heizung? Gibt es irgendwelche ungewöhnlichen Geräusche? Testen Sie auch die Klimaanlage in der höchsten und niedrigsten Stufe, um die Funktion zu überprüfen.

Achten Sie auf den Verbrauch

Beim Fahren ist es empfehlenswert, auf den Spritverbrauch zu achten. Nutzen Sie dazu einen eventuell vorhandenen Reiserechner oder tanken Sie vor und nach der

Probefahrt. Der Spritverbrauch sollte nicht weit von den Werksangaben entfernt sein.

Ein erheblich zu hoher Verbrauch kann ein Symptom für einen Mangel sein, der teure Folgen haben kann!

3.1. Überprüfen Sie das Getriebe

Nach Erreichen der Betriebstemperatur testen Sie das Getriebe:

Schaltgetriebe

Sollte vor kurzem das Getriebeöl gewechselt worden sein, ist das Getriebe mit Sicherheit kaputt. Ist das Getriebeöl seit langer Zeit nicht mehr ausgetauscht worden, kann ein Austausch wahre Wunder auf das Schaltverhalten wirken, und damit über den tatsächlichen Zustand des Getriebes hinwegtäuschen. Lässt sich z.B. der Rückwärtsgang nicht einlegen: Finger weg!

Bei einem manuellen Getriebe müssen die Gänge leicht und nicht hakelig durchzuschalten sein. Knirscht es beim Schalten, deutet das auf einen Defekt hin.

Besonders gut merkt man Kratzer beim Zurückschalten in den zweiten Gang.

Wenn Sie vom Gas gehen, und ein Heulen zu hören ist, deutet das auf einen hohen Verschleiß in Getriebe oder Differential hin.

Testen Sie auf jeden Fall auch den Rückwärtsgang.

Automatikgetriebe

Ein Automatikgetriebe sollte alle Gänge absolut ruckfrei hoch- und runterschalten. Prüfen Sie auch den Rückwärtsgang! Sind dabei deutliche Rucke zu spüren, kann das Getriebe beschädigt sein.

Finger weg! Ein neues Automatikgetriebe kostet im Regelfall leicht über 2.000 Euro.

Treten Sie das Gaspedal auf freier Strecke einmal schnell ganz durch, um die kickdown Funktion zu testen. Das Getriebe sollte dann soweit herunterschalten, wie es möglich ist, und die Gänge voll ausdrehen.

3.2. Testen Sie die Kupplung

Die Kupplung ist ein typisches Verschleißteil und muss meist nach spätestens 150.000km ausgetauscht werden.

Schalten Sie im Stand bei gedrückter Kupplung alle Gänge durch. Das muss leicht und ohne Kratzen gehen, anderenfalls trennt die Kupplung nicht richtig.

Schalten Sie dann im Stand in den 5. oder 6. Gang und lassen Sie die Kupplung kommen. Der Motor muss dabei abgewürgt werden, sonst rutscht die Kupplung durch.

Anschließend legen Sie den ersten Gang ein und lassen die Kupplung kommen. Nach zwei Drittel des Pedalwegs muss sich der Wagen in Bewegung setzen. Das Spiel des Kupplungspedals darf nicht mehr als drei Zentimeter betragen.

3.3. Achten Sie auf das Fahrwerk

- Achten Sie nun auf Geräusche und Vibrationen im Fahrwerk. Fängt das Lenkrad an zu flattern, so ist das Lenkgetriebe oder die Vorderachse verschlissen. Weitere Ursachen könnten eine Unwucht an den Rädern oder verzogene Bremsscheiben sein.

- Suchen Sie sich eine besonders holprige Strecke, zum Beispiel Kopfsteinpflaster und achten Sie auf Klappergeräusche.

- Prüfen Sie den Geradeauslauf: Lassen Sie dazu das Lenkrad unter äußerster Vorsicht bei der Fahrt auf gerader und leerer Strecke los und beobachten Sie, ob der Wagen zu einer Seite zieht oder Spurrillen nachläuft.

  In Beiden Fällen sind die Ursachen wieder die Vorderachse oder das Lenkgetriebe. Fahren Sie durch Schlaglöcher und über Querrillen. Sind dabei dunkle, metallische Geräusche besonders von vorne zu hören, sind entweder die Stoßdämpfer defekt oder die Traggelenke der Vorderachse sind ausgeschlagen. Schwimmt das Auto oder schaukelt es sich auf, deutet das ebenfalls auf defekte Stoßdämpfer hin.

- Hat das Auto ein leicht schwammiges Fahrgefühl, kann es sein, dass die Stoßdämpfer verschlissen sind. Lassen Sie diese dann am besten in einer Werkstatt überprüfen.

- Nehmen Sie auf freier Strecke den Gang raus, fahren Sie leichte Schlenker und achten Sie darauf, ob Geräusche aus den Radlagern kommen.

3.4. Überprüfen Sie die Bremsen

Das wichtigste am Auto sind mit Sicherheit die Bremsen. Sie sollten sie sorgfältig und äußerst vorsichtig testen.

Ist das Bremssystem dicht?

Beginnen Sie damit, das Bremspedal im Stand durchzutreten. Halten Sie den Druck. Senkt sich das Pedal mit der Zeit weiter bis auf den Boden, ist das Bremssystem undicht.

Verzieht der Wagen beim Bremsen?

Begeben Sie sich in eine nicht befahrene gerade Straße, beschleunigen sie auf 30 km/h, lassen das Lenkrad vorsichtig los und bremsen. Seien Sie dabei sehr aufmerksam, damit niemand zu Schaden kommt!

Zieht der Wagen beim Bremsen auf eine Seite, ist das Bremssystem nicht in Ordnung und muss überholt werden.

Hören Sie beim Bremsen ein metallisches ‚Klong', so ist mindestens ein Traggelenk ausgeschlagen und muss erneuert werden.

Testen Sie die Handbremse

Testen Sie zum Abschluss noch die Handbremse. Fahren Sie nach Möglichkeit auf einen Kiesweg um die Reifen zu schonen. Fahren sie langsam und ziehen die Handbremse. Die Hinterreifen müssen blockieren. Passen Sie auf, dass der Wagen nicht aus der Spur gelangt und ins Rutschen kommt.

Besonders Fahrzeuge mit Automatikgetriebe fallen beim TÜV mit defekter Handbremse auf, weil Automatikfahrer die Handbremse praktisch nie benutzen.

4. Nach Der Probefahrt

Nach der Probefahrt sollten Sie das Auto einigermaßen kennen.

Trotzdem sollten Sie noch auf folgende Punkte achten:

- Beobachten Sie den **Leerlauf**, läuft der Motor noch richtig rund?

- **Lichtmaschinentest**: Schalten Sie alle elektrischen Verbraucher gleichzeitig ein. Wenn Sie nun ein wenig aufs Gas treten, muss die Innenleuchte heller leuchten.

- Sehen Sie das **Kühlwasser** am Ausgleichsbehälter nach – nun regelmäßig aufsteigende Blasen deuten auf eine defekte Zylinderkopfdichtung hin.

- Überprüfen Sie noch einmal den **Ölstand**.

- Besichtigen Sie den Wagen rundherum auf **Öllachen**.

- Checken Sie die **Auspuffanlage** auf evtl. vorhandene **Undichtigkeiten**. Dazu den Auspuff bei laufendem Motor kurzzeitig mit einem Lappen verschließen, dabei werden Undichtigkeiten hörbar.

- **Bremsen** an einer Garagenauffahrt noch einmal testen, ob sie richtig lösen.

Sicherlich werden Sie kaum einen Gebrauchten finden, der restlos alle diese Kriterien erfüllt.

Die Frage ist immer: Wie schwerwiegend sind die vorhandenen Mängel? Schäden an der Vorderachse, am Motor oder am Getriebe sind meist nicht genau zu diagnostizieren und verlangen einiges an Zeit und Geld. Von Fahrzeugen mit derartigen Defekten können wir also nur abraten, da sie ein unkalkulierbares finanzielles Risiko darstellen.

Anders sieht es mit Autos aus, die nur optische Defekte wie Lackschäden oder leichte Mängel an der Sonderausstattung haben. Solche Schäden sind meist leicht zu beheben und beeinträchtigen die Technik des Autos nicht.

Außerdem können solche kleinen Macken hervorragend genutzt werden, um bei den Verhandlungen den Preis noch zu drücken.

Wer also seinen zukünftigen Wagen genau prüft, verschafft sich eine große Sicherheit und ist meist vor unschönen Überraschungen geschützt.

11. So erkennen Sie eine Manipulation am Kilometerzähler

Leider gibt es inzwischen immer mehr schwarze Schafe, die den Kilometerstand manipulieren. Statistiken gehen davon aus, dass bis zu 30% der Gebrauchtwagen im Luxussegment einen gedrehten Tacho haben.

Die Manipulation eines Tachos ist leider (noch) legal und meist schnell und preiswert erledigt, in vielen Tageszeitungen bieten dubiose Anbieter ihre Dienste an. Die technischen Möglichkeiten dazu sind vielfältig und auch mancher Großstadthändler schreckt vor solchen Praktiken nicht zurück.

In gewissen Grenzen kann man einen solchen Betrug jedoch durch aufmerksames Untersuchen des Autos herausfinden.

Ist die Kilometerleistung realistisch?

Wenn Sie ein Auto auswählen, teilen Sie die Gesamtkilometer durch das Fahrzeugalter um die jährliche Fahrleistung zu erfahren.

Überlegen Sie: es ist sehr unwahrscheinlich, dass jemand für 100.000€ eine Luxuslimousine kauft, um damit 5.000km im Jahr zu fahren. Lassen Sie sich in dem Fall ganz genau erklären, wie der geringe Kilometerstand zustande kommt.

Anders ist es bei einem Sportwagen oder Cabrio: diese Autos sind oft Zweit- oder Drittwagen, eine geringe Jahresfahrleistung ist durchaus üblich.

Auch Kleinwagen haben oft geringere Jahresfahrleistungen, weil sie oft in der Stadt bewegt werden und die Entfernungen nicht so weit sind.

Untersuchen Sie den Motorraum

Viele Betrüger sind dämlich genug, zwar den Tacho zu drehen, aber andere Beweisstücke im Wagen zu lassen.

90

Schauen Sie sich den Motorraum noch einmal gründlich an und suchen Sie nach Plaketten und Aufklebern, die von einem Öl- oder Bremsflüssigkeitswechsel stammen und auf den nächsten Servicetermin hindeuten – normalerweise ist hier der damalige Kilometerstand notiert. Wenn er höher ist als der angegebene Kilometerstand: Finger weg!

Überprüfen Sie den Verschleiß von Fahrersitz und Pedalen

Eine Möglichkeit ist, sich den Fahrersitz sowie die Pedalerie anzusehen.

Passt der Verschleiß einigermaßen zu der Laufleistung oder sieht das angebliche 50.000 Km-Auto innen aus als wäre es schon zehnmal um die Erde gefahren?

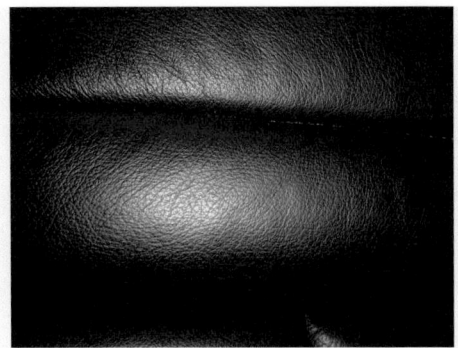 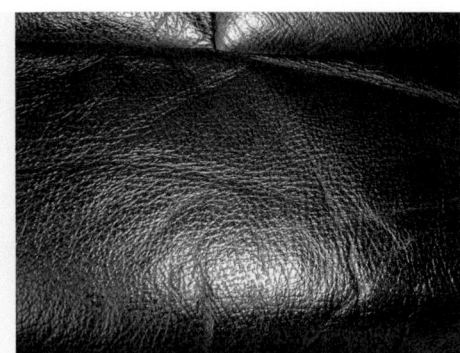

| Ledersitz nach 50.000km | Ledersitz nach 160.000km |

Genauso verdächtig ist es, wenn Lenkrad und Pedale bei einem 6 Jahren alten Fahrzeug allzu neu aussehen: hier wurde vielleicht ein Verschlissenes Lenkrad getauscht, um eine sehr viel höhere Laufleistung zu kaschieren.

Untersuchen Sie das Armaturenbrett

Um den Kilometerstand zu verändern, muss in den meisten Fällen der Tacho ausgebaut werden. Ein solcher Ausbau hinterlässt natürlich Spuren. Achten Sie am

Armaturenbrett deshalb genau auf Kratzer von Schraubenziehern und ungenaue Spaltmaße, besonders in der Umgebung des Tachos.

Überprüfen Sie den Kilometerstand beim Markenhändler

In modernen Fahrzeugen ist der Kilometerstand meist nicht nur im Kilometerzähler, sondern auch an anderen Stellen im Fahrzeug gespeichert, bei BMW zum Beispiel im Lichtschalter und Zündschlüssel.

Fragen Sie den Verkäufer, ob Sie mit dem Fahrzeug einen Markenhändler aufsuchen dürfen. Wenn er einwilligt, fahren Sie zum Händler und lassen Sie den Wagen daraufhin untersuchen.

Fragen Sie die Vorbesitzer

Falls das Auto mehrere Vorbesitzer hat macht es Sinn, sich eine Kopie des Fahrzeugbriefs geben zu lassen und die Vorbesitzer einfach anzurufen. Ein ehrlicher Verkäufer wird nichts dagegen einzuwenden haben.

Lassen Sie sich auf jeden Fall den angegeben Kilometerstand im Kaufvertrag bestätigen!

So erkennen Sie ein gefälschtes Serviceheft

Ärgerlicherweise schrecken manche Anbieter neben der Manipulation von Kilometerständen nicht davor zurück, auch das Scheckheft zu fälschen.

Ein Indiz dafür kann sein, dass alle Unterschriften in gleicher Handschrift und gleicher Farbe geschrieben sind und auch der Stempel immer der gleiche ist.

Auch sollten die Checkhefteinträge ungefähr nach dem Wartungsplan erfolgen. Gibt es größere Abweichungen, ist in jedem Falle Vorsicht angebracht.

Sollten Sie an der Echtheit des Scheckhefts Zweifel haben, so rufen Sie einfach bei der eingetragenen Werkstatt an und erkundigen Sie sich nach dem Fahrzeug.

Normalerweise kann die Werkstatt anhand des alten Kennzeichens oder der Fahrgestellnummer die gesamte Werkstatthistorie samt allen Kilometerständen abrufen.

12. So erkennen Sie Unfallschäden und Nachlackierungen

Ist auch dieser Punkt erfolgreich bestanden, sollten Sie nun prüfen, ob Sie vielleicht einen Unfallwagen vor sich haben.

Spaltmaße

Einen ersten Eindruck kann man bekommen, indem man die Spaltmaße zwischen den Karosserieteilen wie Türen, Motorhaube, Kofferraumdeckel und Kotflügeln untersucht.

Diese Motorhaube ist eindeutig verzogen

Sind die Abstände dieser Teile unregelmäßig groß oder haben eine keilförmige Ausprägung, spricht einiges dafür, dass der Wagen mal einen größeren Unfall hatte, bei dem sich die Karosserie verzogen hat.

Farbunterschiede

Sind an der Stelle auch noch Unterschiede in der Farbe des Lackes festzustellen, sieht also z.B. eine Tür etwas anders aus als der Rest, wurde hier mit Sicherheit ein Teil unfallbedingt getauscht – und zwar nicht von der Vertragswerkstatt, sondern von einer billigen Hinterhofbastlerbude.

Bei empfindlichen Farben wie Silber sieht man allerdings auch bei professionellen Nachlackierungen Farbunterschiede. Das ist nicht schlimm, aber vielleicht ein willkommener Anlass, den Preis zu drücken.

Verbogenes Blech

Außerdem sollten Sie einen Blick unter die Motorhaube und in den Kofferraum werfen. Sehen Sie hier laienhaft eingeschweißte Reparaturbleche oder finden „geknautschte" oder gespachtelte Stellen, so war der Wagen mit Sicherheit in einen Unfall verwickelt.

Wenn Sie sich nicht ganz sicher sind, schauen Sie sich noch ein weiteres Autos des gleichen Typs an. So können Sie sehen, wie das Blech im Normalzustand aussieht.

Solch schwere Unfälle können durch Verformung von tragenden Teilen die Stabilität des ganzen Autos gefährden, also Finger weg! Andernfalls können auch schon kleine Unfälle mit einem vorgeschädigten Auto die Insassen stark gefährden.

Sichern Sie sich ab

Finden Sie solche Unfallschäden nicht, lassen Sie sich trotz allem im Kaufvertrag die Unfallfreiheit vom Verkäufer versichern!

13. Verhandlungstipps

Sie haben das Auto gründlich durchgesehen, sind damit Probegefahren und haben alle vorhandenen Mängel in der Checkliste eingetragen und die entsprechende Gesamtsumme zusammengezählt.

Nun geht es darum, den Preis zu Ihren Gunsten ein wenig anzupassen. Dazu müssen Sie dem Verkäufer ein Angebot machen.

Aber wie hoch muss dieses Angebot sein?

1. Ermitteln Sie den Durchschnittspreis

Sehr hilfreich ist es, wenn Sie sich vorher zuhause bei http://www.schwacke.de oder http://www.mobile.de über den Durchschnittspreis informiert haben, denn damit haben Sie ein handfestes Argument.

Von diesem Durchschnittpreis ziehen Sie die Summe der Mängel ab, und Sie haben den eigentlichen Wert, also den ungefähren Preis, der Ihnen das Auto wert sein sollte.

2. Argumentieren Sie mit dem Durchschnittspreis

Wenn der geforderte Preis höher ist als der Durchschnittpreis, lassen Sie sich vom Verkäufer genau erklären, warum er für sein Auto mehr Geld haben will. Vermutlich wird er auf den guten Pflegezustand und die Ausstattung verweisen, die allerdings bei der Berechnung von Schwacke mit einkalkuliert sein sollte.

Bringen Sie den Verkäufer dazu, Ihnen zuzustimmen, dass der Preis bei Schwacke fair ist, denn wenn er seine Zustimmung gibt, haben Sie ihn schon so weit, dass er Ihnen das Auto zum Durchschnittspreis anbietet.

Falls Ihnen dies nicht gelingt, sollten Sie sich mit dem Gedanken abfinden, lieber nach einem anderen Auto Ausschau zu halten. Packen Sie betont langsam Ihre Sachen zusammen, hinterlassen Sie Ihre Daten für den Fall, dass der Verkäufer es sich anders überlegen sollte und gehen Sie langsam zur Tür.

3. Holen Sie die Mängelliste raus

Ist der geforderte Preis nahe dem Durchschnittspreis, lassen Sie sich noch einmal versichern, dass das Auto mängelfrei ist. Holen Sie dann die Mängelliste raus, und gehen Sie mit dem Verkäufer Punkt für Punkt durch.

Zeigen Sie ihm die Mängel, bringen Sie Ihn dazu, Punkt für Punkt zuzustimmen, denn jede Zustimmung ist für Sie ein Preisabschlag.

Wenn der Verkäufer sagt, dies und jenes Geräusch wäre normal, antworten Sie „Komisch, bei dem Auto, das ich letzte Woche gefahren bin, war das aber nicht der Fall".

4.1 Zusatztipps für den Kauf beim Händler

Besonders bei Markenhändlern können Sie mit den folgenden Tricks das Angebot noch ein wenig verbessern:

- Fordern Sie, dass das Fahrzeug vollgetankt ist, und lassen Sie sich das schriftlich im Vertrag zusichern – die meisten Händler liefern Autos nämlich mit einem praktisch leeren Tank aus. Allein mit dieser Forderung können Sie bis zu 100€ sparen.

- Fragen Sie nach preiswerten Artikeln aus dem Zubehörshop (maximal 70€), wie zum Beispiel Modellautos, Mützen, T-Shirts, Reinigungsmittel, Handyhalterungen oder Bücher. Selbst wenn Sie diese Produkte eigentlich nicht haben wollen, können Sie sie ja später im Internet versteigern.

- Wenn Sie beim Markenhändler kaufen und das Auto später auch dort warten lassen wollen, fragen sie nach Gutscheinen für eine Inspektion, oder für die Einlagerung der Winterreifen.

- Wenn der Preis einigermaßen im Rahmen ist, und Sie trotzdem noch weiterverhandeln wollen, hilft es nicht, gegenüber dem Verkäufer Desinteresse zu heucheln, denn dann wird er seinerseits kaum bereit sein, Ihnen entgegenzukommen.

  Zeigen Sie dem Verkäufer stattdessen, dass Sie Interesse haben und den Wagen gerne haben möchten, wenn die Konditionen stimmen. Lassen Sie den Verkäufer im wahrsten Sinne des Wortes das Geld riechen. Setzen Sie einen Vertrag auf, und machen Sie kurz vor der Unterschrift ein Angebot, das (je nach Fahrzeugpreis) maximal zweihundertfünfzig Euro unter dem zuletzt geforderten Preis liegt.

Kleidungstipp: ziehen Sie sich nicht allzu vornehm an, normal legere Freizeitkleidung ist am empfehlenswertesten, egal ob sie einen Kleinwagen oder eine Luxuslimousine kaufen.

Wenn Sie im Brioni Anzug ankommen, glaubt der Verkäufer, sie würden auch ohne Rabatte kaufen und wird dementsprechend nicht allzu verhandlungsbereit sein.

4.2 Zusatztipps für den Kauf von Privat

Für die Verhandlung beim Kauf von Privat können Ihnen noch die folgenden Tipps helfen:

- Denken Sie dran: die meisten Privatverkäufer müssen Ihr Auto meist möglichst schnell loswerden, um ein anderes Auto zu finanzieren. Fragen Sie deshalb, wann genau der Verkäufer seinen neuen Wagen in Empfang nimmt – dies ist nämlich das Datum, an dem der Verkäufer den Wagen spätestens verkauft haben muss!

- Wenn Sie eine weite Anfahrt hatten, fordern sie einfach noch mal 50€ für Spritgeld – funktioniert bei Privatverkäufern wunderbar.

- Wenn Sie in der Nähe wohnen, täuschen Sie eine lange Anfahrt vor. Dadurch wird der Verkäufer glauben, dass er am längeren Hebel sitzt. Tut er aber nicht. Denn gerade wenn Sie der einzige Interessent sein sollten und der Verkäufer den Wagen wirklich loswerden möchte, ist Ihr Besuch seine einzige Chance, den Wagen heute an Sie zu verkaufen, und wenn Sie ohne zu kaufen aus der Tür gehen, ist diese Chance vertan.

14. Der Kaufvertrag

In den meisten Fällen wird der Kaufvertrag vom Verkäufer vorbereitet und ausgefüllt – Sie müssen nur noch unterschreiben.

Vor der Unterschrift sollten Sie allerdings darauf achten, dass die folgenden Punkte im Kaufvertrag mit aufgeführt sind:

Allgemeine Angaben

Der Kaufvertrag muss Marke und Typ, Motorleistung, Farbe, Erstzulassung, Fahrgestellnummer und eine Auflistung aller Sonderausstattungen beinhalten. Überprüfen Sie, ob die Fahrgestellnummer mit der von Fahrzeug und Papieren übereinstimmt.

Darüber hinaus müssen Name, Geburtsdatum und Adresse des Verkäufers enthalten sein. Überprüfen Sie die Angaben des Verkäufers anhand seines Personalausweises, oder lassen Sie sich eine schriftliche Vollmacht zeigen falls der Verkäufer nicht der Eigentümer des Wagens ist.

Unfallfreiheit

Lassen Sie sich auf jeden Fall die Unfallfreiheit schriftlich zusichern. Falls das Auto nicht unfallfrei sein sollte, muss der Verkäufer im Vertrag genau aufführen, welche Schäden das Fahrzeug hat.

Kilometerstand

Die tatsächliche Kilometerleistung des Fahrzeugs muss ebenfalls schriftlich im Kaufvertrag fixiert sein.

Austauschmotor

Lassen Sie sich zusichern, dass das Fahrzeug keinen Austauschmotor drinnen hat. Wenn doch, muss der Verkäufer Alter und Laufleistung des Motors angeben.

Gewerbliche Nutzung

Lassen Sie sich schriftlich zusichern, dass das Fahrzeug nicht gewerblich als Mietwagen oder Taxi genutzt wurde.

Empfangsbestätigung des Kaufpreises

Falls Sie das Auto bei Vertragsabschluss bar bezahlen, lassen Sie sich den Empfang des Geldes vom Verkäufer schriftlich bestätigen.

Übergabetermin

Falls das Fahrzeug nicht direkt bei Vertragsabschluss übergeben wird, vereinbaren Sie einen festen Liefer- oder Abholtermin. Bezahlen Sie das Auto nicht vor der Übergabe.

Am besten ist es immer, wenn der Verkäufer einen vorgefertigten Vertrag als Vorlage nutzt, z.B. vom ADAC. Für den Fall, dass der Verkäufer kein solches Formular hat, empfiehlt es sich, vorsichtshalber einen Blankvertrag mitzunehmen.

15. Überführung und Zulassung

Nach dem Kauf muss Ihr neuer Wagen überführt und zugelassen werden. Beim Kauf vom Händler wird der Wagen als Service meist vom Händler für Sie zugelassen. Beim Privatkauf müssen Sie sich hingegen selbst darum kümmern.

Zulassungsdokumente

Um einen Wagen zuzulassen, müssen Sie zur Kraftfahrzeugzulassungsstelle gehen und folgendes mitbringen:

- Personalausweis oder Pass

- Kfz-Zulassungsbescheinigung II

- Deckungskarte (Versicherungsbestätigungskarte)

- TÜV Gutachten und ASU Bescheinigung

- Vollmacht, falls das Fahrzeug im Auftrag zugelassen wird.

- 60€ – 100€ für die diversen Gebühren.

Die Deckungskarte dient als Nachweis Ihrer Versicherung darüber, dass Ihr neues Auto haftpflichtversichert ist. Eine solche Doppelkarte bekommen Sie direkt von Ihrer Versicherung. Meistens gibt es in unmittelbarer Nähe diverse Büros verschiedener Versicherungen, wenn Sie noch keine abgeschlossen haben, schauen Sie am besten dort vorbei.

Sie müssen übrigens nicht unbedingt mit Ihrem neuen Wagen vorfahren. Falls Sie Ihr Fahrzeug in der Nähe erworben haben, können Sie auch mit öffentlichen Verkehrsmitteln zur Zulassungsstelle fahren, den Wagen zulassen, die Nummernschilder mitnehmen und selbst montieren.

Tipp: Befestigen Sie das Kennzeichen nicht am Halter, sondern lassen Sie es vor Ort direkt ans Blech anschrauben. Das kostet maximal zwei Euro, und hat die beiden Vorteile, dass Ihnen zum einen das Kennzeichen nicht abfallen kann und Sie außerdem nicht mit der Werbung eines Gebrauchtwagenhändlers spazieren fahren.

Die Überführung

Falls Sie Ihr neues Auto vor der Zulassung nach Hause überführen müssen, haben Sie folgende Optionen.

Überführung mit dem Kennzeichen des Vorbesitzers:

Haben Sie den Wagen privat gekauft und ist der Wagen noch auf den Vorbesitzer angemeldet, so können Sie im Kaufvertrag bestimmen, dass Sie den Wagen mit dem Kennzeichen des Vorbesitzers zur Überführung bewegen dürfen.

Verschulden Sie allerdings bei der Überführung einen Unfall, so stehen Sie für die erhöhte Versicherungsprämie des Vorbesitzers ein.

Es empfiehlt sich also, den Wagen abgemeldet zu übernehmen. Hier gibt es vier mögliche Vorgehensweisen:

1. Sie holen den Wagen mit einem Anhänger ab.

2. Sie leihen sich von einer Werkstatt oder einem Autohaus ein rotes Händlerkennzeichen.

3. Sie besorgen sich bei Ihrer örtlichen Zulassungsstelle ein Kurzzeitkennzeichen. Diese Kennzeichen dürfen nur einmal für 3 Tage genutzt werden und sind nur für eine Probe- oder Überführungsfahrt zugelassen. Die Zahlen an der rechten Seite geben bei diesem Kennzeichen den letzten erlaubten Nutzungstag an. Die Kosten für ein solches Kurzzeitkennzeichen liegen bei ca. 30 € inklusive der Schilder. Um ein solches Kennzeichen bei der Zulas-

sungsstelle zu beantragen benötigen Sie eine Deckungskarte und Ihren Personalausweis oder Pass.

4. Sie fahren mit dem Vorbesitzer gemeinsam zur Zulassungsstelle und melden den Wagen dort um. Für die Anmeldung Ihres Fahrzeugs benötigen Sie wie oben erwähnt den Kfz-Brief, TÜV + ASU Bescheinigung, Ihren Personalausweis oder Pass und die Deckungskarte.

**Das gelbe Überführungskennzeichen darf maximal 3 Tage
und nur zur Überführung verwendet werden.**

**Das rote Händlerkennzeichen
darf nur für Probe- und Überführungsfahrten verwendet werden**

Ist der Wagen nun auf Sie angemeldet, werden Sie in den nächsten Wochen einen Brief vom zuständigen Finanzamt erhalten, welches Sie auffordert, die fällige Kfz-Steuer auf ein Konto des Finanzamtes zu überweisen. Ist auch die Kfz-Steuer entrichtet, steht dem Fahrspaß nichts mehr im Wege.

Was Sie auf keinen Fall tun sollten

Auf gar keinen Fall sollten Sie Ihr neues Auto ohne oder mit selbst gemalten Kennzeichen auf öffentlichen Straßen bewegen. Genauso wenig dürfen Sie das Kennzeichen eines anderen Fahrzeugs verwenden.

So geht es nicht: das Kennzeichen muss an der dafür vorgesehenen Stelle angebracht werden, sonst gibt es Ärger mit der Polizei.

In beiden Fällen stehen Sie bei einem Unfall ohne Versicherungsschutz da und verlieren mit großer Wahrscheinlichkeit Ihren Führerschein.

Anhang A: Links zu Internetforen

Audi	vw-audi-forum.de
BMW	bmw-forum.de
	7-forum.com
Citroen	citforum.de
Daewoo	daewoo-club.de
Fiat	fiat-welt.de
Ford	ford-forum.de
Honda	hondapower.de
Hyundai	hyundaiforum.de
Jaguar	jaguar-forum.de/
Mazda	mazdaforum.info
Mercedes	db-forum.de
	mercedes-forum.com
Nissan	nissanboard.de
MG Rover	http://forum.mg-rover-freunde.de/
Opel	opelnews.de
Peugeot	http://peugeotforum.net/
Porsche	elfertreff.de
Renault	cliowelt.de/forum/
Saab	forum-auto.de
	saab-cars.de
Seat	seat-forum.de
Skoda	skodacommunity.de
Smart	smart-forum.de
Subaru	subaru-community.net
Toyota	toyotas.de
VW	vw-audi-forum.de
	http://forum.vag-page.de
Volvo	volvo-forum.de

Anhang B: Weitere Links

Autobörsen

auto.de

autoscout24.de

gebrauchtwagen.de

kakaydo.de

mobile.de

pkw.de

quoka.de

webauto.de

KFZ Steuer Berechnung

kfz-steuer.de

Autobewertung

schwacke.de

Leasingangebote

gute-rate.de

leasingtime.de

Gebrauchtwagentests

adac.de

autobild.de

Ölanalyse

krausmotor.de

wearcheck.de

Anhang C: Die Prüfliste

Fahrzeugdaten			
Marke		Erstzulassung	
Typ		Laufleistung	
Farbe		Vorbesitzer	
TÜV/AU		Fahrzeugnummer	

Preise und Betriebskosten			
Angebotspreis	€	Verbrauch	l/100km
Listenpreise	€	Kfz-Steuer	€
Händlereinkaufspreis	€	Wertverlust	€
Händlerverkaufspreis	€	Versicherung	€
Privatverkaufspreis	€	Gesamt	€

Schadensskizze

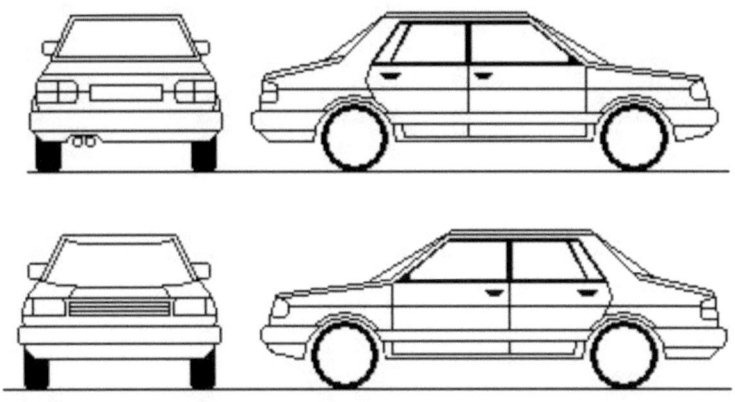

Notieren sie alle Beschädigungen auf dieser Skizze

⊘ = **Erheblicher Mangel, suchen sie lieber ein anderes Fahrzeug.**

1. Begutachtung

Prüfpunkt

Serviceheft vorhanden und nachvollziehbar?	⊘	☐
Entspricht der Kilometerstand auf dem Tacho dem vom Verkäufer angegebenen?	⊘	☐
Fahrzeugbrief: keine kurzfristigen Halterwechsel innerhalb weniger Monate?	⊘	☐
Passt die Fahrgestellnummer zu den Papieren?	⊘	☐
Sind alle Schlüssel vorhanden?	⊘	☐
Ist das Auto laut Verkäufer mängelfrei?	⊘	☐
Alles bestanden?		☐

2. Standprüfung (Karosserie)

Sind folgende Teile Rostfrei?	**Abzug**	
Kotflügel	400-800€	☐
Radhäuser	⊘	☐
Seitenschweller	⊘	☐
Türschlösser	100-400€	☐
Scheibenrahmen	⊘	☐
Schiebedach	500-1000€	☐
Auspuffanlage	150-1500€	☐
Ist der Lack sehr matt oder abgestumpft?	200€	☐

Prüfpunkt	Abzug	
Sind alle Spaltmaße gleichmäßig?	⊘	☐
Ist irgendwo Spachtelmasse zu sehen?	⊘	☐
Sind die Türeinstiege in der gleichen Farbe lackiert wie die Karosserie?	⊘	☐
Gibt es Roststellen am Dach?	⊘	☐
Sind alle nicht serienmäßigen Anbauteile eingetragen?	⊘	☐
Fehlen Anbauteile wie Stoßleisten oder Zierleiten?	50-500€	☐
Sind die Scheibenwischer in Ordnung?	50€	☐
Ist die Frontscheibe frei von Beschädigungen?	300€	☐
Sind die Leuchten alle in Ordnung?	150-1000€	☐
Ist das Glas am Außenspiegel links in Ordnung?	50€	☐
Ist das Glas am Außenspiegel rechts in Ordnung?	50€	☐
Ist der Tank in Ordnung?	⊘	☐
Alles bestanden?		☐

3. Standprüfung (Räder)

Prüfpunkt	Abzug	
Sind auf allen Rädern die gleichen Reifen montiert?	50-100€/Reifen	☐
Haben die Räder auf den Achsen die jeweils gleiche Reifengröße?	⊘	☐
Sind die Reifen älter als 4 Jahre?	50-100€/Reifen	☐
Ist die Profiltiefe > 4 mm?	50-100€/Reifen	☐

Weist ein Reifen Beschädigungen auf?	50-100€/Reifen	☐
Hat ein Reifen ein Sägezahnmuster?	⊘	☐
Sind Reifen regelmäßig abgefahren? Überprüfen Sie auch die Winterreifen	⊘	☐
Sind eventuell vorhandene Leichtmetallfelgen und Breitreifen in den Papieren eingetragen?	⊘	☐
Alles bestanden?		☐

4. Standprüfung (Räder)

Prüfpunkt	Abzug	
Sind die Bremsbeläge mindestens 5 mm dick?	150€/Achse	☐
Sind die Bremsscheiben in Ordnung?	150€ - 600€	☐
Sind die Bremsleitungen rostfrei?	200 €	☐
Sehen die Bremsschläuche aus wie neu?	150 €	☐
Hat einer der Reifen ein Sägezahnmuster?	⊘	☐
Sind Reifen regelmäßig abgefahren? Überprüfen Sie auch die Winterreifen	⊘	☐
Sind eventuell vorhandene Leichtmetallfelgen und Breitreifen in den Papieren eingetragen?	⊘	☐
Alles bestanden?		☐

5. Standprüfung (Fahrwerk)

Prüfpunkt	Abzug	
Machen die Stoßdämpfer beim Wippen Geräusche?	500€-900€	☐
Sind die Achsmanschetten (Gummibälge) in Ordnung?	50€ - 200€	☐
Sind die Federn rostfrei?	⊘	☐
Sehen die Bremsschläuche aus wie neu?	150 €	☐
Sind die Stoßdämpfer verölt?	500€ - 900€	☐
Hat einer der Reifen ein Sägezahnmuster?	⊘	☐
Sind Reifen regelmäßig abgefahren? Überprüfen Sie auch die Winterreifen	⊘	☐
Sind eventuell vorhandene Leichtmetallfelgen und Breitreifen in den Papieren eingetragen?	⊘	☐
Alles bestanden?		☐

6. Blick auf den Unterboden

Prüfpunkt	Abzug	
Ist der Unterboden rostfrei?	⊘	☐
Ist die Unterseite des Motors trocken?	⊘	☐
Ist das Getriebe trocken?	⊘	☐
Ist das Differential trocken?	⊘	☐
Sind Plastikteile beschädigt?	200 €	☐
Alles bestanden?		☐

7. Standprüfung (Motorraum)

Prüfpunkt	Abzug	
Wirkt der Motorraum gepflegt?	⊘	☐
Ist die Ventildeckeldichtung trocken?	100€ - 300€	☐
Ist die Zylinderkopfdichtung trocken?	⊘	☐
Ist der letzte Ölwechsel belegbar?	100€	☐
Ist der Ölstand in Ordnung? Wenn nicht, nach der Ursache forschen!	200 €	☐
Riecht das Öl auffällig nach Benzin?	⊘	☐
Ist der Kühler dicht?	200 € - 600€	☐
Sind die Kühlerschläuche rissfrei?	30€ - 100€	☐
Sind im Kühlwasserbehälter kein Ölfilm und keine Bläschenbildung bei laufendem Motor zu beobachten?	⊘	☐
Ist die Batterie in ordentlichem Zustand?	100€	☐
Ist der Batterieboden rostfrei?	100€-200€	
Alles bestanden?		☐

8. Standprüfung (Kofferraum)

Prüfpunkt	Abzug	
Feuchte Stellen oder Wasserränder im Kofferraum?	⊘	☐
Ist das Bordwerkzeug vollständig?	10€ - 50€	☐
Bei Felgenschlössern: ist der Schlüssel vorhanden?	100 €	☐
Sind in der Reserveradmulde Rost oder Beulen zu sehen?	⊘	☐
Öffnet sich der Kofferraum problemlos oder fällt der Deckel wegen ermüdeter Dämpfer wieder zu?	200 €	☐
Falls vorhanden: öffnet und schließt sich eine elektrische Kofferraumklappe problemlos und gleichmäßig?	400 €	☐
Alles bestanden?		☐

9. Innenraum allgemein

Prüfpunkt	Abzug	
Riecht der Innenraum unangenehm faulig?	⊘	☐
Ist die Bedienungsanleitung noch vorhanden?	30€	☐
Sind die Scheiben von innen nicht beschlagen?	⊘	☐
Ist unter den Teppichen Spuren von Wasser oder gar Schimmel zu sehen?	⊘	☐
Ist das Verbandszeug noch zu gebrauchen?	20 €	☐
Ist das Armaturenbrett unbeschädigt?	50€-500 €	☐
Alles bestanden?		☐

10. Fahrersitz (Innenraum)

Prüfpunkt	Abzug	
Ist der Fahrersitz sehr durchgesessen?	200€	☐
Gibt es Löcher?	200 €	☐
Gibt es starke Verunreinigungen?	50€	☐
Sind die Seitenwangen in Ordnung (insbesondere bei Ledersitzen)?	200 €	☐
Sieht der Sicherheitsgurt aus wie neu oder ist er ausgefranst?	150 €	☐
Lässt sich der Sicherheitsgurt problemlos ausrollen und wieder aufrollen?	150 €	☐
Lässt sich der Sicherheitsgurt problemlos ins Gurtschloss stecken oder rutscht er wieder raus?	150 €	☐
Lässt sich der Sitz in alle Richtungen justieren?	200€	☐
Falls vorhanden: funktioniert das Sitzmemory?	300€	☐
Falls vorhanden: funktioniert die Sitzheizung?	150€	☐
Falls vorhanden: lässt sich das Lenkrad verstellen?	150€	☐
Falls vorhanden: funktioniert die Lordosenstütze?	150€	☐
Falls vorhanden: funktioniert die Sitzlüftung?	300€	☐
Alles bestanden?		☐

10.1 Beifahrersitz (Innenraum)

Prüfpunkt	Abzug	
Ist der Sitz sehr durchgesessen?	200€	☐
Gibt es Löcher?	200 €	☐
Gibt es starke Verunreinigungen?	50€	☐
Sind die Seitenwangen in Ordnung (insbesondere bei Ledersitzen)?	200 €	☐
Sieht der Sicherheitsgurt aus wie neu oder ist er ausgefranst?	150 €	☐
Lässt sich der Sicherheitsgurt problemlos ausrollen und wieder aufrollen?	150 €	☐
Lässt sich der Sicherheitsgurt problemlos ins Gurtschloss stecken oder rutscht er wieder raus?	150 €	☐
Lässt sich der Sitz in alle Richtungen justieren?	200€	☐
Falls vorhanden: funktioniert das Sitzmemory?	300€	☐
Falls vorhanden: funktioniert die Sitzheizung?	150€	☐
Falls vorhanden: funktioniert die Lordosenstütze?	150€	☐
Falls vorhanden: funktioniert die Sitzlüftung?	300€	☐
Alles bestanden?		☐

10.3 Rücksitze (Innenraum)

Prüfpunkt	Abzug	
Ist der Sitz sehr durchgesessen?	200€	☐
Gibt es Löcher?	200 €	☐
Gibt es starke Verunreinigungen?	50€	☐
Sind die Seitenwangen in Ordnung (insbesondere bei Ledersitzen)?	200 €	☐
Sieht der Sicherheitsgurt aus wie neu oder ist er ausgefranst?	150 €	☐
Lässt sich der Sicherheitsgurt problemlos ausrollen und wieder aufrollen?	150 €	☐
Lässt sich der Sicherheitsgurt problemlos ins Gurtschloss stecken oder rutscht er wieder raus?	150 €	☐
Lässt sich der Sitz in alle Richtungen justieren?	200€	☐
Falls vorhanden: funktioniert das Sitzmemory?	300€	☐
Falls vorhanden: funktioniert die Sitzheizung?	150€	☐
Falls vorhanden: funktioniert die Lordosenstütze?	150€	☐
Falls vorhanden: funktioniert die Sitzlüftung?	300€	☐
Alles bestanden?		☐

11. Innenraum Funktionen

Prüfpunkt	Abzug	
Fensterheber vorne links?	150€	☐
Fensterheber vorne rechts?	150€	☐
Fensterheber hinten links?	150€	☐
Fensterheber hinten links?	150€	☐
Zentralverriegelung vorne links?	150€	☐
Zentralverriegelung vorne rechts?	150€	☐
Zentralverriegelung hinten links?	150€	☐
Zentralverriegelung hinten rechts?	150€	☐
Spiegelverstellung links	100€	☐
Spiegelverstellung rechts	100€	☐
Funktioniert die Innenbeleuchtung?	5€-200€	☐
Funktioniert die Hupe?	80€	☐
Radio	150€	☐

Bei CD-Wechsler

Ist der CD-Einschub vorhanden?	20€	☐
Lassen sich CDs abspielen?	300€	☐

Bei Navigationssystem

Lässt sich das System starten?	300€	☐
Zeigt das System den aktuellen Standort richtig an?	300€	☐

Ist die Navigations-CD vorhanden?	150€	☐
Hat das Display Pixelfehler?	150€	☐
Funktioniert die Lüftung?	100€-1000€	☐
Funktioniert das Heckrollo?	100€	☐
Funktioniert der Bordcomputer?	300€	☐
Hat das Kombiinstrument Pixelfehler?	150€	☐

Bei Schiebedach

Funktioniert das Aufstellen?	100€	☐
Funktioniert das Öffnen und Schließen?	100€	☐
Ist der Himmel beschädigt?	100€	☐
Sind Wasserränder zu sehen?	200€	☐
Alles bestanden?		☐

12. Besonderheiten bei Cabrios

Prüfpunkt	Abzug	
Sind A-Säulen und Überrollbügel rostfrei?	🚫	☐
Lässt sich das Verdeck ohne Probleme mehrmals öffnen und schließen?	🚫	☐
Ist das Verdeck frei von Beschädigungen?	🚫	☐
Riecht es in dem Wagen nicht wie in einer Gruft?	🚫	☐
Gibt es Hinweise auf Wasser unter Teppichen?	🚫	☐

Alles bestanden? ☐

13. Vor der Probefahrt

Prüfpunkt	Abzug	
Gehört der Wagen nicht dem Verkäufer, ist eine Vollmacht vorhanden?	⊘	☐
Ist der Wagen versichert, auch wenn Sie fahren?	⊘	☐
Sind TÜV und ASU noch gültig?	⊘	☐
Ist genug Benzin im Tank?	⊘	☐
Erlaubt die Bereifung eine Probefahrt?	⊘	☐
Ist die Beleuchtung in Ordnung?	⊘	☐
Alles bestanden?		☐

14. Die Probefahrt

Prüfpunkt	Abzug	
Hat das Lenkrad maximal 2 Finger breit Spiel?	300€ - 1000€	☐
Ist das Lenkrad gerade?	150€	☐
Leuchten rote Warnlampen?	⊘	☐
Kommen Gerüche aus der Lüftung?	150€	☐
Fährt der Verkäufer den Motor schonend und langsam warm?	⊘	☐
Ist der Fahrstil des Verkäufers angenehm oder unnötig aggressiv?	⊘	☐
Alles bestanden?		☐

15. Motor, Kupplung und Getriebe

Prüfpunkt	Abzug	
Ist der Motor vor Fahrtantritt kalt?	300€ - 1000€	☐
Springt der Motor sofort an?	150€	☐
Klappernde oder tackernde Geräusche bei laufendem Motor?	⊘	☐
Läuft der Motor unruhig?	⊘	☐
Hat der Motor eine konstante Leerlaufdrehzahl?	⊘	☐
Ist die Motortemperatur konstant und im grünen Bereich?	⊘	☐
Stimmt der Spritverbrauch laut Bordrechner mit den Erwartungen überein?	⊘	☐
Kommen keine blauen, weißen oder schwarzen Wolken aus dem Auspuff?	⊘	☐
Ist vom Katalysator kein Rasseln zu vernehmen?	500€ - 1000€	☐

Bei Handschaltung

Greift die Kupplung vernünftig?	300€-500€	☐
Lässt sich das Getriebe leicht schalten?	⊘	☐
Knirscht das Getriebe beim Schalten?	1000€	☐
Lässt sich der Rückwärtsgang einlegen?	⊘	☐

Bei Automatikgetriebe

Schaltet das Getriebe ohne zu Rucken?	⊘	☐
Funktioniert der Kickdown?	⊘	☐
Funktioniert die manuelle Schaltfunktion?	⊘	☐

Lässt sich der Rückwärtsgang einlegen?	⊘	☐
Heult das Getriebe?	⊘	☐
Alles bestanden?		☐

16. Fahrwerk, Bremsen

Prüfpunkt	Abzug	
Sind Vibrationen im Lenkrad zu spüren?	300€ - 1000€	☐
Klappert nichts beim Fahren?	150€	☐
Ist der Geradeauslauf in Ordnung?	⊘	☐
Machen die Radlager Geräusche?	300€	☐
Sind beim plötzlichen Bremsen metallische Geräusche aus dem Fahrwerk vernehmbar?	⊘	☐
Bietet das Bremspedal genug Widerstand und lässt es sich nicht bis auf den Boden durchtreten?	⊘	☐
Läuft der Wagen auch beim Bremsen geradeaus?	300€	☐
Lösen die Bremsen richtig?	200€	☐
Funktioniert die Handbremse ordnungsgemäß?	150€	☐
Fühlt sich das Auto sicher an?	⊘	☐
Bleibt die Temperatur konstant?	⊘	☐
Alles bestanden?		☐

17. Am Ende der Probefahrt

Prüfpunkt	Abzug	
Läuft der Motor noch rund?	⊘	☐
Überprüfen Sie nochmals den Ölstand. Ist er während der Fahrt merklich gesunken: Finger weg!	⊘	☐
Ist die Auspuffanlage dicht?	120€ - 1500€	☐
Lösen die Bremsen richtig?	200€	☐
Funktioniert die Handbremse ordnungsgemäß?	150€	☐
Fühlt sich das Auto sicher an?	⊘	☐
Alles bestanden?		☐

Index

Arztwagen, 50
Aufladung, 24
Auktionshäuser, 32
Auspuff, 62
Austauschmotor, 99
Automatikgetriebe, 16, 85, 86, 88, 120
Autovermietung, 29
Bastlerautos, 30
Batterie, 75
Baujahr, 10
Beleuchtung, 81
Beleuchtungseinrichtungen, 66
Betriebskosten, 12, 13, 19
Bremse, 56, 74
Bremsen, 36, 42, 55, 56, 78, 87, 88, 89, 121, 122
Bremsflüssigkeit, 74
Bremsleitungen, 56
Bremsscheiben, 38
Cabrios, 15, 78, 118
Chromblenden, 61
DOT Nummer, 52
Exportpreis, 43
Fahrersitz, 91
Fahrgestellnummer, 48, 49, 93, 99, 108
Fahrschulwagen, 50
Fahrwerk, 28, 54, 57, 58, 78, 86, 111, 121
Freie Gebrauchtwagenhändler, 28
Gebrauchtwagengarantie, 34
Gebrauchtwagenversicherung, 39
Getriebe, 28, 34, 37, 38, 65, 85, 86, 89, 111, 120, 121

Gewährleistung, 30
Gewährleistungsausschluss, 30, 31
Haftpflicht, 14
Handbremse, 88, 121, 122
Händler, 27
Hubraum, 24
Inspektionen, 16
Kaufvertrag, 99
KFZ - Steuer, 13
Kfz-Zulassungsbescheinigung II, 101
Kilometerleistung, 8, 90, 99
Kilometerstand, 45, 47, 90, 91, 92, 99, 108
Kleinwagen, 12
Kofferraum, 75
Kompressor, 24
Kotflügel, 61
Kühler, 73
Kühlerschlauch, 73
Kühlsystem, 34, 37, 84
Kupplung, 36, 86, 120
Laufleistung, 18, 35, 41, 42, 91, 99, 107
Leichtmetallfelgen, 55, 110, 111
Lenkrad, 44, 77, 81, 86, 87, 91, 114, 119, 121
Lenkradspiel, 81
Liebhaberfahrzeug, 50
LPG, 23
Luxusautos, 22
Markenhändler, 27
Mietfahrzeug, 51
Mietwagen, 29
Motoröl, 68
Nachlackierungen, 94, 95

Oberklasse, 22
Ölanalyse, 72, 106
Ölstand, 37, 69, 71, 82, 88, 112, 122
Ölverlust, 37, 39, 65, 68, 70, 72
Ölwannendichtung, 65
Originalzustand, 41
Pannenstatistik, 25
Pixelfehler, 77, 118
Pressefahrzeug, 50
Privatverkauf, 30, 79
Probefahrt, 8, 38, 79, 80, 81, 82, 84, 85, 88, 119, 122
Prominentem Vorbesitz, 51
Prüfsiegel, 37, 39
Radlager, 55
Radlauf, 60
Reifen, 38, 52
Reparaturkostenversicherungen, 36
Rost, 50, 57, 58, 59, 60, 61, 62, 63, 78, 113
Schaltgetriebe, 85
Schonbezüge, 76
Seniorenwagen, 50
Serviceheft, 8, 17, 45, 46, 47, 69, 92, 108

Sicherheitsgurte, 77
Sportwagen, 17
Tank, 67
Turbo, 24
TÜV, 16, 25, 41, 48, 55, 56, 63, 64, 66, 80, 88, 101, 103, 107, 119
TÜV-Plakette, 48
Überführung, 102
Unfallfreiheit, 99
Unfallschäden, 94, 95
Verbandsmaterial, 77
Verbrauch, 24
Versicherung, 14
Versicherungsschutz, 64
Vollkasko, 15
Vorbesitzer, 24, 28, 46, 47, 48, 50, 51, 52, 80, 92, 102, 103, 107
Vorführfahrzeug, 50
Warnanzeigen, 82
Wartung, 16
Wertverlust, 17
Zulassung, 101
Zulassungsbescheinigung Teil II, 47
Zylinderkopfdichtung, 65